U0061911

中國陶器 定級圖典

主編單位　中國文物學會專家委員會

本卷主編　耿東升

商務印書館

中國陶器定級圖典

主編單位：中國文物學會專家委員會

顧　　問：(按姓氏筆畫為序)

　　　　　史樹青　　呂濟民　　杜迺松　　周南泉

　　　　　耿寶昌　　彭卿雲　　謝辰生　　羅哲文

總 主 編：馬自樹

執行主編：劉　煒　　段國強

策　　劃：大禾文化編輯室

本卷主編：耿東升

責任編輯：陳婉君　　楊克惠

出　　版：商務印書館 (香港) 有限公司

　　　　　香港筲箕灣耀興道3號東滙廣場8樓

　　　　　http://www.commercialpress.com.hk

發　　行：香港聯合書刊物流有限公司

　　　　　香港新界大埔汀麗路36號中華商務印刷大廈3字樓

印　　刷：中華商務彩色印刷有限公司

　　　　　香港新界大埔汀麗路36號中華商務印刷大廈14字樓

版　　次：2007年1月第1版第1次印刷

© 2007 商務印書館 (香港) 有限公司

ISBN 978 962 07 5521 7

Printed in Hong Kong

出版說明

　　文物鑑定是文物收藏的基礎，文物收藏者需要科學、權威的依據，以了解文物的價值，才能確保文物收藏的真實可靠。《中國文物定級圖典》由中國文物學會專家委員會主持編寫，各卷主編都是文物鑑定領域卓有成就的專家學者，由他們編寫各級文物定級標準概述，例舉每一級別中典型的文物藏品，闡述其定級原因，説明該文物的價值，保證了內容的權威可靠。本套書以國家文物局頒佈的《博物館藏品管理辦法》和文化部頒佈的《博物館藏品管理辦法》、《博物館一級藏品鑑選標準》、《文物藏品定級標準》等權威條例為標準，按文物的歷史、藝術、科學價值定為國寶、一、二、三級。

　　中國是世界四大文明古國，擁有大量歷史文物，隨着不斷進行的考古發掘，館藏文物的數量還在增長。世界各地民間文物收藏家手中，亦有數量可觀的中國文物。這些文物不僅是科學、歷史研究的重要依據，也是鑑賞、珍藏的藝術品。

　　《中國文物定級圖典》按照文物類別分為《中國陶器定級圖典》、《中國瓷器定級圖典》、《中國玉器定級圖典》、《中國青銅金銀器定級圖典》、《中國書畫定級圖典》五卷，編寫時以文物名稱作辭目，同一級別內，文物按朝代或年代前後順序排列。辭目釋文每條約 150~200 字，包括文物的品名、年代、尺寸、重量、出土時間與地點、收藏單位、形制、紋飾特徵，以及文物的歷史、藝術、科學價值等和定級依據等內容。

　　本書所選陶器涵蓋了全國各地博物館等文物保管部門的藏品，收錄自新石器時代開始直至清代的各個歷史階段的代表性陶器共 477 件，具有時間長、內容豐、品類齊的特點。本書收錄陶器絕大部分為出土文物，有 439 件，傳世品僅為 38 件，而且時間越晚，傳世品相對越多，明清時期的傳世品佔了 12 件。所收陶器包括最為著名的"唐三彩"，以及極具歷史考古價值的"人面魚紋彩陶盆"等。此外，在文物收藏界比較熱門的紫砂壺等亦有系統的收錄。

　　本書附錄文化部於 1987 和 2001 年兩次公佈的《文物藏品定級標準》，以便讀者進一步了解國家對文物藏品所立下的定級標準。

目 錄

出版説明 iii

國寶級及一級陶器定級概述 1
國寶級陶器 .... 5~31
　新石器及青銅時代（圖號 1-17）
　戰國·秦·漢（圖號 18-27）
　南北朝·隋·唐（圖號 28-40）
　宋·遼·金·明（圖號 41-48）

一級品陶器 .... 33~126
　新石器及青銅時代·商（圖號 1-79）
　戰國·秦·漢（圖號 80-121）
　三國·南北朝·隋·唐（圖號 122-193）
　五代·宋·遼（圖號 194-207）
　元·明·清（圖號 208-225）

二級陶器定級概述 127
二級品陶器 .... 129~174
　新石器及青銅時代·西周（圖號 1-29）
　春秋·戰國·漢（圖號 30-65）
　三國·南北朝·隋·唐（圖號 66-91）
　宋·遼·金（圖號 92-98）

三級陶器定級概述 175
三級品陶器 .... 177~219
　新石器時代·商·西周（圖號 1-12）
　春秋·戰國·漢（圖號 13-69）
　晉·南北朝·唐（圖號 70-98）
　金（圖號 99）

附錄一：文化部 1987 年 2 月 3 日
　《文物藏品定級標準》........................ 220
附錄二：文化部 2001 年 4 月 5 日
　《文物藏品定級標準》........................ 222

陶器目錄

國寶級　　1

新石器時代　5~13
1 黑陶豬紋橢圓形鉢
2 彩陶鸛魚石斧圖缸
3 彩陶人面魚紋盆
4 彩陶網紋船形壺
5 彩陶雙連壺
6 白陶鬶
7 紅陶獸形壺
8 彩陶鳥形壺
9 彩塑女神頭像
10 黑陶貫耳壺
11 彩陶堆塑人形壺
12 彩陶旋渦紋四繫罐

13 彩陶人面魚紋雙耳瓶
14 彩陶旋紋尖底瓶
15 彩陶雙人抬物紋盆
16 橙黃陶袋足鬶

青銅時代　14
17 彩繪陶獸面紋罐

戰國　　14
18 黑陶獸紋鼎

秦　　15~16
19 灰陶將軍俑
20 灰陶立射武士俑

漢　　17~20
21 彩繪陶狩獵紋壺

22 彩繪陶載人鳩
23 彩繪陶樂舞雜技俑
24 彩繪陶指揮俑
25 黃釉陶樽
26 彩繪陶擊鼓說唱俑
27 綠釉陶望樓

南北朝　　21
28 黃釉陶樂舞紋扁壺

隋　　21
29 彩繪陶房

唐　　22~27
30 三彩陶鴛鴦壺
31 彩繪釉陶文官俑
32 彩繪釉陶武官俑
33 三彩陶女坐俑
34 三彩陶騎馬俑
35 三彩陶騎馬射獵俑
36 三彩陶駱駝載樂俑
37 三彩陶鞍馬
38 三彩陶駱駝
39 三彩陶載物駱駝
40 三彩陶天王俑

宋　　27~28
41 三彩陶舍利塔
42 黃釉陶鸚鵡形壺

遼　　28~30
43 三彩陶鴛鴦壺

44 綠釉陶鳳首瓶

45 三彩陶印花戲獅紋八角形盤

46 三彩陶印花纏枝牡丹紋硯

金　　　*31*

47 三彩陶舍利塔

明　　　*31*

48 項聖思紫砂桃形杯

一級品　　*33*

新石器時代　*33~61*

1 灰陶繩紋碗

2 紅陶三足壺

3 紅陶雙耳圜底壺

4 黃褐陶鼎

5 黑陶刻紋多角沿釜

6 彩陶魚紋盆

7 彩陶魚紋圜底盆

8 彩陶勾葉紋盆

9 白衣彩陶鉢

10 彩陶樹葉紋豆

11 彩陶人頭器口瓶

12 陶鷹尊

13 彩陶鳥魚紋細頸瓶

14 紅陶貓頭鷹頭

15 紅陶刻劃櫛紋盆

16 紅陶刻劃櫛紋釜

17 紅陶龜形鬶

18 白陶雙鋬鬶

19 彩陶網紋背壺

20 灰陶尊

21 彩陶小口壺

22 黑陶鏤孔高柄杯

23 彩陶几字紋缶

24 彩陶八角星紋盆

25 彩陶連貝紋盆

26 彩陶花瓣紋鉢

27 褐陶號角

28 彩陶八角星紋豆

29 彩陶連環紋器座

30 紅陶雙口壺

31 紅陶弦紋盆形鼎

32 黑衣灰陶鏤孔豆

33 黑衣灰陶雙層鏤孔壺

34 人首陶瓶

35 灰陶豬首形匜

36 灰陶獸形器

37 黑陶鏤空高柄杯

38 紅陶鬶

39 漆繪黑衣陶罐

40 紅陶盆形鼎

41 黑陶鱉形壺

42 灰陶豚形壺

43 彩陶方格曲折紋提梁罐

44 彩陶網紋束腰罐

45 彩陶旋渦紋罐

46 彩陶雙連罐
47 彩陶鳥頭雙耳罐
48 彩陶舞蹈紋盆
49 彩陶同心圓紋盆
50 彩陶鴨形壺
51 彩陶網紋雙耳瓶
52 彩陶十字圓點網紋瓶

53 彩陶堆塑人頭壺
54 彩陶卜紋長頸壺
55 黃陶實足鬶
56 紅陶長頸鬶
57 紅陶實足鬶
58 黑陶鳥頭形足鼎
59 黑陶圈足豆
60 蛋殼黑陶套杯
61 蛋殼黑陶高柄杯
62 白陶鬶形盉
63 灰陶三足甗
64 朱繪蟠龍紋陶盤
65 灰陶塤
66 陶塑人面像
67 彩陶寬帶紋杯
68 彩陶三角紋雙耳罐

青銅時代 61~65
69 彩陶三角紋圜底雙耳罐

70 白陶鬹
71 彩繪陶雲雷紋鬲
72 彩繪陶雙腹罐
73 彩陶人形罐
74 仿皮囊陶罐
75 硬陶迴紋雙耳甗
76 硬陶迴紋雙耳尊
77 硬陶迴紋折肩豆
78 灰陶提梁鼓

商 65
79 雷電擊人紋陶拍

戰國 66~67
80 黑陶盤口鼎
81 黑陶雲雷紋提梁盉
82 硬陶方格紋帶把罐
83 廩陶量

秦 67~70
84 始皇詔陶量
85 灰陶鎧甲武士俑
86 灰陶武官俑
87 灰陶跪射武士俑
88 彩繪陶踞坐俑
89 彩繪陶鞍馬

漢 71~83
90 彩繪陶雲鳳紋方壺
91 彩繪三角紋陶壺
92 黃釉陶鴞壺
93 彩繪人物紋陶樽
94 彩繪陶載壺鳥

95　彩繪陶鴞

96　彩繪陶騎馬武士俑

97　彩繪陶鎧甲俑

98　彩繪陶跽坐女俑

99　彩繪陶熏爐

100　彩繪陶亭

101　彩繪陶三進院落

102　紅陶武士俑

103　彩繪陶倒立雜技俑

104　綠釉陶六博俑

105　灰陶說唱俑

106　灰陶聽琴俑

107　彩繪陶燈

108　釉陶三羊盒

109　陶船

110　灰陶塔式樓

111　綠釉陶重簷三層樓

112　彩繪陶四層倉樓

113　綠釉陶四層樓院

114　綠釉陶水亭

115　陶城堡

116　釉陶五層樓院

117　歇山頂陶房

118　陶佛像插座

119　陶蛙形插座

120　陶搖錢樹插座

121　釉陶臥狗

魏晉南北朝　*84~86*

122　彩繪陶屋

123　灰陶女俑

124　灰陶牛車

125　彩繪陶馬及牽馬俑

126　褐綠釉陶罐

127　陶執盾武士俑

128　彩繪陶騎馬俑

隋　*86~87*

129　彩繪陶彈琵琶女俑

130　彩繪陶彈箜篌女俑

131　彩繪陶胡人俑

唐　*87~113*

132　三彩陶塔形罐

133　三彩陶菱形紋罐

134　三彩陶寬條紋罐

135　三彩陶鳳頭壺

136　三彩陶雙魚形壺

137　三彩陶龍首壺

138　三彩陶獸頭壺

139　三彩陶鳳頭壺

140　三彩陶鸚鵡壺

141　三彩陶象首杯

142　三彩陶碗

143　三彩陶飛雁紋盤

144　三彩陶文吏俑

145　三彩陶鶡冠文吏俑

146　三彩陶武士俑

147　三彩陶女立俑

148 三彩陶女立俑

149 三彩陶女坐俑

150 三彩陶女侍俑

151 彩繪陶黃衣胡俑

152 三彩陶馬夫俑

153 三彩陶胡人馬夫俑

154 三彩陶馬及牽馬俑

155 三彩陶駱駝及牽駝俑

156 彩繪陶捲髮俑

157 彩繪泥塑騎馬武士俑

158 彩繪泥塑打馬球俑

159 貼金彩繪陶騎馬武士俑

160 彩繪陶騎馬狩獵俑

161 彩繪陶騎馬狩獵俑

162 三彩陶騎馬狩獵俑

163 三彩陶騎馬射獵俑

164 彩繪陶騎馬吹簫俑

165 三彩陶騎馬擊鼓俑

166 彩繪陶騎馬女俑

167 三彩陶騎馬女俑

168 三彩陶騎馬女俑

169 三彩陶馬及馬夫俑

170 三彩陶駱駝載樂俑

171 三彩陶西域人騎駝俑

172 三彩陶鞍馬

173 三彩陶鞍馬

174 三彩陶鞍馬

175 三彩陶鞍馬

176 三彩陶鞍馬

177 三彩陶三花馬

178 三彩陶馬

179 白陶馬

180 三彩陶載物駱駝

181 三彩陶駱駝

182 三彩陶臥駝

183 藍釉陶驢

184 綠釉陶獅

185 三彩陶蹲獅

186 三彩陶龍紋獸足爐

187 三彩陶寶相花洗

188 三彩陶錢櫃

189 三彩陶山池

190 彩繪陶天王俑

191 三彩陶鎮墓獸

192 三彩陶鴛鴦枕

193 三彩陶庭院

五代 　　　　*114*

194 彩繪陶舞俑

195 灰陶人首魚身俑

宋 　　　　*115~117*

196 黃釉陶水波紋罐

197 綠釉陶波紋淨瓶

198 陶童嬉捏像

199 三彩聽琴圖枕

200 三彩陶舍利匣

201 三彩陶武士俑

遼　　　*117~119*

202 褐釉陶盤口穿帶瓶
203 醬釉陶雞冠壺
204 綠釉陶穿帶扁壺
205 三彩陶印花海棠式盤
206 三彩陶印花套盒

207 三彩陶印花牀

元　　　*119~121*

208 灰陶騎駱駝擊鼓俑
209 彩繪陶騎馬俑
210 彩繪陶騎馬俑
211 灰陶鞍馬
212 灰陶馬及牽馬俑

明　　　*122~124*

213 法華陶鏤雕八仙紋罐
214 時大彬紫砂六方壺
215 時大彬紫砂提梁壺
216 石灣窰凸纏枝花梅瓶
217 法華陶菊蝶紋雙耳瓶
218 醬黃釉陶鼓形爐
219 紫砂浮雕桃式水注
220 石灣窰玉蘭式花插

清　　　*125~126*

221 紫砂梅花紋罐
222 陳曼生紫砂竹節壺
223 紫砂萬蝠紋壺
224 紫砂山水紋執壺
225 石灣窰石榴紅釉獅

二級品　　**127**

新石器時代　*129~140*

1 陶盉及陶支腳
2 紅陶指甲紋鉢
3 紅陶垂囊形盉
4 陶盆形鼎
5 陶指甲紋罐
6 彩陶鉢
7 陶小口尖底瓶
8 彩陶圓點弧線紋盆

9 灰陶雞冠耳罐
10 彩陶絢索紋瓶
11 紅陶折曲紋盤
12 白陶鉢
13 白陶雙層口鬹
14 彩陶鉢形鼎
15 彩陶網紋背壺
16 彩陶筒形器
17 彩陶螺旋紋雙耳甕
18 黑陶寬鋬帶流杯
19 紅陶甕
20 黑陶小口長頸壺
21 白陶鬹
22 紅陶淺盤三足匜
23 紅陶直頸磨光罐
24 紅陶印紋圜底罐

青銅時代　　**140**

25 硬陶迴紋雙耳罐
26 硬陶迴紋單鋬壺

西周　　　**141**

27 紅砂陶鬲

28 硬陶幾何印紋甕

29 印紋陶瓿

春秋　　　　*142*

30 黑陶磨光方耳三足鼎

戰國　　　　*142~147*

31 黑陶雲雷紋獸首鼎

32 彩繪陶方簋

33 黑陶磨光壓劃紋鼎

34 彩陶三足帶蓋壺

35 黑陶磨光壓劃紋圓壺

36 黑陶磨光壓劃紋蓋豆

37 黑陶磨光壓劃紋鴨形尊

38 黑陶磨光壓劃紋盤

39 黑陶磨光壓劃紋匜

40 黑陶磨光壓劃紋筒形器

41 黑陶磨光壓劃紋碗

漢　　　　*148~158*

42 釉陶騎馬武士俑

43 彩繪女立俑

44 彩繪陶馬

45 綠釉陶鼎

46 陶帶流瓿

47 綠釉陶鋪首弦紋尊

48 硬陶把杯

49 釉陶堆塑人物盤口瓶

50 彩繪陶倉樓

51 綠釉陶水亭

52 干欄式陶屋

53 陶重簷廡殿式雙層屋

54 綠釉陶磨房

55 陶畫像井

56 綠釉庖廚陶俑

57 彩繪陶舞蹈男俑

58 彩繪陶踏鼓舞女俑

59 彩繪陶乳婦俑

60 灰陶繩紋三足爐

61 硬陶香熏

62 褐釉陶竈

63 灰陶狗

64 踞坐陶俑

魏晉南北朝　　*159~163*

65 黃釉陶塢

66 灰陶五聯罐

67 彩陶駱駝及牽駝俑

68 陶鎮墓獸

69 陶撒滿巫師俑

70 女陶俑

71 彩繪陶駱駝

72 陶舞蹈俑

73 陶牛車

74 陶馬

隋　　　　*163~164*

75 彩繪陶執箕女俑和磨

76 陶按盾守門武士俑

唐　　　*164~170*

77 彩繪立形武士俑

78 彩繪陶黑人俑

79 彩繪陶黑人俑

80 彩繪陶鞍馬

81 彩繪陶牛車

82 黃釉陶牛及牛槽

83 三彩三環足盤

84 三彩陶尖嘴狗

85 三彩雙螭耳瓶

86 三彩刻花長方形枕

87 三彩兔形枕

88 黃釉印花枕

89 三彩陶榻

90 三彩爐

宋　　　*170~172*

91 綠釉陶相撲俑

92 釉陶星宿俑

93 磁州窰三彩刻花枕

遼　　　*172~173*

94 三彩牡丹雙蝶紋長盤

95 三彩海棠花式長盤

96 三彩花口洗

金　　　*173*

97 磁州窰三彩貼花雙耳三足爐

明　　　*174*

98 法華陶鏤雕人物罐

三級品　　**175**

新石器時代　　　*177~179*

1 紅陶弦紋釜形鼎

2 灰陶把杯

3 陶紡輪

4 陶袋足鬶

5 紅陶鏤孔豆

6 陶圜底罐

7 紅陶壺

商　　　*179*

8 陶折肩長腹罐

9 灰陶複合紋圜底深腹鉢

西周　　　*180~181*

10 灰陶印紋鼎

11 硬陶複合紋豆

12 陶網格紋罐

春秋　　　*181~183*

13 硬陶印米字紋甕

14 陶方格紋三足鼎

15 陶印米字紋罐

16 黑陶磨光弦紋三足罐

17 紅陶繩紋龍首提梁桶

18 紅陶繩紋三足鼎

19 陶曲折紋甗形器

戰國　　　*183~187*

20 朱繪陶方鼎

21 黑陶磨光刻劃紋帶蓋豆
22 黑陶磨光刻劃紋壺
23 彩繪陶鳥柱盤

24 彩繪陶圓盒
25 陶蓆紋罐
26 陶印紋罐
27 彩繪陶虎紋壺

漢　　　　188~205

28 釉陶瓿
29 陶印紋甕
30 釉陶鼎
31 釉陶鼎
32 陶方格紋足鼎
33 陶印紋罐
34 紅陶雙繫壺
35 灰陶堆貼仙人紋壺
36 彩繪女立俑
37 彩繪跪形女俑
38 灰陶三足蓋鼎
39 紅陶罐
40 陶方格紋帶蓋罐
41 綠釉陶壺
42 陶倉
43 彩繪陶倉樓
44 綠釉陶井
45 釉陶狗

46 釉陶豬
47 綠釉陶博山爐
48 綠釉陶竈
49 釉陶竈
50 釉陶人形燈
51 釉陶四連燈
52 紅陶水波紋燈
53 陶吹笙俑
54 紅陶持篩俑
55 紅陶雙獸耳瓿
56 釉陶鼎

57 陶水波紋簋
58 陶弦紋豆
59 雙唇陶罐
60 陶蓆紋罐
61 紅陶罐
62 陶弦紋罐
63 青釉陶罐
64 釉陶壺
65 釉陶瓶
66 紅陶盂
67 陶勺
68 陶鐘
69 釉陶權

魏晉南北朝　205~212

70 灰陶銘文釜
71 灰陶擊鼓俑
72 褐黃釉陶龍柄瓶
73 陶風帽女官俑
74 陶俑
75 彩繪騎馬女俑

76 彩繪騎馬俑

77 陶風帽俑

78 陶侍衞俑

79 陶侍衞俑

80 陶定籠冠立俑

81 騎馬女俑

82 騎馬武士俑

83 陶踞跪俑

84 儀仗侍衞俑

唐   *213~219*

85 陶貼花壺

86 三彩豆

87 三彩鉢

88 三彩鉢

89 三彩陶胡人抱角杯

90 三彩陶雙聯盤

91 陶樂俑

92 陶鯢魚

93 陶持劍俑

94 陶舞俑

95 陶持箕女俑

96 彩繪陶武士俑

97 三彩男立俑

98 彩陶鸂鶒厄

金   *219*

99 三彩折枝牡丹紋雙耳罐

國寶級及一級陶器定級概述

在中國各類古代文物中，古陶器佔有相當大的比重。中國陶器生產歷史悠久，源遠流長。在河北徐水南莊頭遺址發現有一萬年前的陶片。江蘇溧水縣神仙洞遺址出土有一萬一千年左右的陶片。陶器的發明是人類社會發展史上劃時代的事件，它的生產促進了社會的發展和進步。迄今陶器與人類的日常生活和生產都是密切相關的。在距今八千年的新石器時代，燒製出大量的紅陶、灰陶、黑陶、白陶、彩陶、彩繪陶等。夏商時期是中國陶器發展史上的變革時期，除燒製日用陶器外，擴展到燒製建築用器、胎質堅硬的白陶器和印紋硬陶。戰國時期廣泛使用的灰陶和東南沿海一帶印紋硬陶有很大的發展。秦漢時期的陶塑藝術，展現出明快洗練，深沉雄大的民族風格。漢代製陶工藝的傑出成就之一是低溫鉛釉陶的發明。唐代在漢代低溫鉛釉陶工藝基礎上，三彩陶的燒製達到了巔峯，造型多樣，色彩絢麗，特別是形神俱佳的陶塑藝術，反映出唐代高超的陶器製作工藝。唐三彩對宋遼金三彩的生產有重大影響。宋、金時期，北方窯場燒製有三彩陶器，但數量比唐代銳減。遼代以生產北方少數民族風格的三彩陶器而聞名。明清時期，以江西景德鎮窯為中心的製瓷業繁榮昌盛，而以生產仿鈞釉陶的石灣窯和生產紫砂陶器的宜興窯成為明清時期重要的陶器產地。

綜觀中國陶器的生產，經歷過繁榮鼎盛的發展，也有過停滯低谷的階段，但其生產連綿不斷，陶器已深入到人們生活的各個方面。它是人類發展的重要文化組成部分，是祖先留給我們珍貴的文化遺產。

中國是文物大國，出土以及傳世的陶器浩如煙海，多收藏於文博系統等單位。本着"搶救第一，保護為主"的原則，對古陶器進行科學地定級，分清真偽及優劣，才能便於科學地對古陶器分級管理、保護和利用。

1987年文化部頒佈《文物藏品定級標準》，規定一、二、三級文物的定級標準，並附有《一級文物定級標準舉例》。其中陶器一級品定級規定為：能代表某一文化類型，其造型特殊，器形完整的；有確切出土地點可作為斷代標準的；三彩中造型優美，色彩豔麗而器形完整的。2001年文化部重新頒佈了《文物藏品定級標準》，將文物藏品劃分為珍貴文物和一般文物。珍貴文物分為一、二、三級，一級文物中特別稀少的，有極高歷史、藝術和科學價值的文物，又被稱為"國寶"。一級文物是具有特別重要歷史、藝術、科學價值的代表性文物。陶器一級文物定級標準舉例闡述為：代表考古學某一文化類型，其造型和紋飾具有特別重要價值的；有確切出土地點可作為斷代標準的；三彩作品中造型優美，色彩豔麗，具有特別重要價值的；紫砂器中，器形完美，出於古代與近代名家之手的代表性作品。古陶器定級主旨是依據其歷史、藝術、科學價值，並結合器物自身的特點，其產地、年代、存量多少、保存現狀等劃分等級的。國家十分重視文物的定級工作，自1992年起，國家文物局組織文物專家對全國文博系統所藏的古陶瓷進行一級品巡迴鑑定，筆者隨隊參加了此項工作。摩挲鑑定了大量的古代陶瓷器，積累了豐富的經驗。在陶器一級品定級工作中，深刻領會，嚴格掌握和遵循定級標準和原則。

下面結合一級品定級標準和原則，闡述作為"一級品"陶器應具備的條件：

1. 代表某一文化類型，造型和紋飾具有特別重要價值的陶器

新石器時代，中國的廣大區域形成了許多

各具特色的文化圈,按地區可劃分為黃河流域、長江流域、華南和西南地區、北方地區等,在這些區域的原始文化中,形成了許多文化類型,各文化的陶器也獨具特徵,其品種、造型和紋飾藝術風格不同。這時期出現的薄胎彩陶、蛋殼黑陶及白陶,標誌着新石器時代製陶技藝的發展水平。

黃河流域是新石器文化分佈較為密集的地區,裴李崗文化是黃河中游新石器時代早期文化,以紅陶為主,河南新鄭裴李崗遺址出土的紅陶三足壺為其典型器物,是中國早期陶器的代表作。仰韶文化是重要的新石器文化,以彩陶最具特徵。甘肅秦安大地灣遺址出土的彩陶人頭器口瓶,雕塑與彩繪相結合的裝飾技法,藝術風格獨特。黃河上游的新石器文化以馬家窰文化最具代表性,以造型豐富、紋飾精美的彩陶而著稱。彩陶旋渦紋四繫罐,形體高大,造型規整,胎薄體輕,紋飾線條流暢,簡潔清晰,此罐造型獨特,在馬家窰文化彩陶中,是迄今僅見的一件,故彌足珍貴。青海民和出土的彩陶同心圓紋盆,器形端莊,紋飾繁縟,繪製技巧嫺熟,線條流暢,從中可以窺見先民的藝術觀念和審美情趣。甘肅甘谷出土的彩陶人面魚紋雙耳瓶是馬家窰文化石嶺下類型的陶器,所繪人面魚紋,為石嶺下類型彩陶最具特色的紋飾,是氏族圖騰的反映,充滿神祕的魅力。山東莒縣出土的灰陶尊是黃河下游新石器時代大汶口文化最具特徵的器物,形體碩大,製作精緻,銘刻有文字符號,是研究中國文字起源與發展極珍貴的實物資料。龍山文化採用先進的輪製法製陶,以蛋殼黑陶而聞名,其工藝達到了史前製陶技藝的頂峯。山東日照出土的蛋殼黑陶高柄杯,造型優美,胎薄體輕,工藝精湛,為新石器文化陶器中的精品。

屈家嶺文化是長江中游新石器時代重要文化,以黑陶最具特色。河南淅川出土的黑陶鏤空高柄杯為屈家嶺文化的典型器。而長江下游地區的良渚文化也以黑陶為主,江蘇吳縣出土的黑陶鷔形壺,造型新穎,為少見的原始藝術珍品。

北方新石器文化以紅山文化為代表,陶器以紅陶為主。內蒙古翁牛特旗出土的紅陶雙口壺,造型別致,有濃郁的北方民族和地域特徵,也顯示出新石器時代北方製陶水平之高。遼寧牛河梁紅山文化遺址出土的女神頭像,製作質樸,其生動的表現力,乃是原始雕塑藝術中極為罕見的佳作。

青銅時代,陶器生產仍是當時重要的手工業,燒造的白陶、印紋硬陶代表了青銅時代陶器製作的最高成就。相當於夏文化的二里頭文化的白陶鬶,器形仿自青銅器的形制,古樸端莊,是研究夏文化極珍貴的資料。印紋硬陶均有拍印的各種幾何紋飾,盛行於東南沿海地區,其燒成溫度較高,胎體質密堅硬,對原始瓷和瓷器的出現產生了巨大影響,印紋硬陶在中國陶瓷工藝發展史上佔有重要地位。福建閩侯出土的迴紋硬陶雙耳尊和折肩豆,製作精緻,有獨特的藝術風格,為閩江流域印紋硬陶的代表作。

2. 有確切出土地點或年款,可作為斷代標準的,遺存罕見的陶器

中國是泱泱陶瓷大國,傳世和出土的古陶器數量眾多,如何斷定其年代,必須科學地找出可信的、時代特徵明確、有絕對紀年的標準器作為斷代依據,對古陶器進行排比和研究,作出正確判斷,因此選擇標準器是相當重要的。古陶器中有一些是重要遺址、明確紀年墓出土或銘有年款的,有重要研究價值,非常珍貴,為斷代研究提供了可靠依據。秦漢時期,陶塑代表了當時陶器製作水平,在思想上或藝術上,都開創了新的境界,在中國雕塑藝術發展史上佔有重要地位。秦始皇陵出土的兵馬俑

是秦代雕塑藝術取得劃時代成就的標誌。兵馬俑規模宏大，製作精良，塑造技藝純熟，人物性格鮮明，嚴肅威武。出土的俑數以千計，其中將軍俑、立射武士俑極為罕見，堪稱兵馬俑中的瑰寶。兩漢時期，彩繪陶器製作發達，由於厚葬的盛行，常用以隨葬。四川成都出土的東漢彩繪陶擊鼓說唱俑，以卓越的雕塑技巧和崇尚寫實的藝術風格，細緻入微地將說書人手舞足蹈的說唱表情，逼真地再現出來，極為精妙生動，令人歎為觀止，反映出漢代陶塑藝術的成熟。河南洛陽西漢墓出土的彩繪人物紋陶樽，紋飾少見，具有漢代繪畫藝術風格，造型為西漢時期的典型器，對漢代陶器的斷代研究有重要意義。陝西乾縣唐永泰公主墓出土的三彩碗，釉彩鮮豔亮澤，器形飽滿敦厚，具有唐代器物的風格特徵，是唐三彩器斷代的重要標準器。雞冠壺是遼三彩器中最具民族特色的器物，有多種式樣。遼寧法庫葉茂台墓葬出土的醬釉陶雞冠壺，製作精美，為遼早期雞冠壺的形制，它對於雞冠壺的發展演變和分期斷代研究是重要的標準器。

3. 三彩器中造型優美，色彩豔麗，具有特別重要歷史、科學、藝術價值的

釉陶是古陶器重要品種，創燒於漢代，為低溫鉛釉陶，釉色多為綠色或醬黃色，以燒製陪葬明器為主。歷經北朝時期的發展，到唐代，從漢代的單色釉發展到多種色釉交錯使用，遂成為獨特的釉陶工藝——唐三彩。它的燒製成功，是低溫鉛釉陶的又一發展，在中國陶瓷美術史上佔有重要地位。唐代鞏縣窯、耀州窯等窯場為主要的三彩產地。由於唐代盛行厚葬，唐三彩器多用於隨葬，但製作頗為精緻，彩釉絢麗多姿、五彩繽紛，裝飾技法多樣，以雕塑與釉彩相結合的裝飾技法為主，燒造品種豐富，可分為生活用具、俑類和各種模型等。生活用具，如洛陽出土的三彩陶菱形紋罐，為典型的唐代器物，彩釉花紋新穎別致，色彩斑斕，極富藝術感染力。唐代是雕塑藝術鼎盛時期，特別是三彩雕塑表現得淋漓盡致，具有極強的藝術感染力。這些雕塑反映了當時的社會生活，是研究唐代社會歷史重要的參考資料。唐三彩陶塑中人俑、動物俑最為精緻。如陝西禮泉鄭仁泰墓出土的彩繪釉陶武官俑，製作工藝精湛，人物塑造雄健威武，彩繪細膩，雖為出土之器，色彩仍豔麗奪目，保存完好，極為罕見。陝西西安唐墓出土的三彩陶女立俑，形體優美，人物表情生動，別具風韻。三彩中的動物俑也各具神態，出神入化，有駱駝、馬等造型，活潑矯健，生動逼真，惟妙惟肖，有呼之欲出之感。陝西咸陽契苾明墓出土的三彩陶駱駝，造型、彩釉在三彩陶塑中罕見，為舉世無雙的藝術珍品。模型類多仿製建築物、傢具等，洛陽出土的三彩陶錢櫃，造型少見，是研究唐代傢具珍貴的參考資料。唐三彩陶器不僅在藝術上取得了很高的成就，而且其製陶工藝也影響了遼、宋、金三彩的生產，但品種和造型均不如唐三彩豐富，器形多為日用器皿。遼是契丹民族建立的政權，其生產的三彩陶器以濃郁的民族風格和地域特徵而著稱。遼寧新民遼墓出土的三彩陶印花海棠式盤、內蒙古翁牛特旗出土的綠釉陶穿帶扁壺，造型有契丹民族傳統藝術風格，為遼三彩中的典型器物。河南密縣法海寺塔基地宮出土的宋代三彩陶舍利塔非常罕見，形體高大，工藝精湛，造型優美，有極高的藝術價值。

4. 紫砂陶器中的名家代表作

明清時期，中國的陶器生產主要有宜興窯和石灣窯。石灣窯以仿鈞釉陶而著稱。宜興窯

則以紫砂陶而久負盛名，它以多彩的陶色、精湛的技藝、獨特的裝飾，在中國歷代陶器中獨樹一幟。其造型豐富的茗壺宜於飲茶，故深受世人推崇，風靡明清直至今日。明末開始，百品競新，名匠輩出。明代著名紫砂陶藝人時大彬，製壺技藝高超，其作品傳世極少，後世多有仿造。明代萬曆紀年墓葬出土的時大彬紫砂六方壺，製作規整，素樸古拙，顯示出一代宗師純樸無華的藝術風格，為“大彬壺”之真品，十分珍貴，是鑑定傳世大彬壺真偽的重要標準器。清代紫砂陶器的主要特點是將書畫、詩文、篆刻等藝術與製陶工藝相結合，深受文人雅士的喜愛。梅花紋紫砂罐造型別致，銘有乾隆帝烹茶詩句，為宜興窯燒製的清宮御用茶具，十分罕見。上海王坫山墓出土的陳曼生紫砂竹節壺，造型精巧，雕琢細緻，為“曼生”壺中的精品。

綜上所述，古陶器一級品是中國各個歷史時期生產的陶器珍品，具有特別重要的歷史、藝術和科學價值的代表性文物，為國家珍貴文物，是為世人所稱頌的國之瑰寶。它凝結着先人們的辛勤勞動和聰明智慧，反映出中國古代在科學技術和文化藝術等方面所取得的輝煌成就。它是中華民族輝煌燦爛文明發展史的展現，同時也是先輩們留給我們的寶貴文化遺產，我們要十分珍惜和愛護這些珍貴的歷史文物。古代陶器科學地鑑定和定級，對於認識和體現文物價值和發揮其作用是十分重要的，也是我們傳承中華文明的歷史使命。

1 黑陶豬紋橢圓形缽 新石器時代・河姆渡文化

高 11.7 口徑 17.5～21.5 底徑 13.5～17 釐米
1977 年浙江餘姚河姆渡遺址第四文化層出土
現藏浙江省博物館

◆泥質夾炭黑陶。敞口，深腹，腹呈長橢圓形，平底。器外兩側刻劃豬紋。◆此器造型古樸，色澤純黑，豬紋刻劃較精美，筆法簡練，線條粗獷，神態逼真，鬃毛畢露，豬身上裝飾有圓圈和葉紋。河姆渡遺址中還出土有豬、狗、牛等動物骨骼，說明了當時河姆渡先民已有飼養家畜。

◆定級要素：此缽是迄今發現的最早用豬紋作裝飾的陶器，十分珍貴。

2 彩陶鸛魚石斧圖缸 新石器時代・仰韶文化

高 47 口徑 32.7 底徑 19.5 釐米
1978 年河南臨汝出土
現藏河南博物院

◆夾砂紅陶。泥條盤築法手製而成。器深腹直壁，平底中間有一圓孔，口沿下方飾有六個突鈕。腹部用黑白彩繪有 "鸛魚石斧圖"。◆此器底部有圓孔的深腹陶缸是專門裝殮成人屍骨的甕棺葬具，屬廟底溝類型，有鮮明的地方文化特色。◆ "鸛魚石斧圖" 採用單色平塗與雙鈎

填色的技法，繪畫純樸自然，為原始繪畫藝術之珍品。所繪石斧修冶精細，綁縛規整，應為青銅時代斧鉞的雛型，一種權力的象徵。鸛銜魚紋，有氏族圖騰之說。此器對研究原始宗教和美術有重大的參考價值。

◆定級要素：器物完整，形體高大，畫面精緻完好，殊為罕見。

3 彩陶人面魚紋盆　新石器時代·仰韶文化

高 16.5　口徑 39.5 釐米
1955 年陝西西安半坡遺址出土
現藏中國國家博物館

◆泥質紅陶。折沿，收腹，圜底。通體施赭紅陶衣，內底用黑彩繪有人面紋及魚紋。◆人面魚紋彩陶盆在半坡遺址中發現較多，出土時覆蓋在甕棺上，作為葬具的頂蓋。◆此盆以寫實的手法刻劃出魚的形象，充分地反映出當時的漁獵生活在原始社會中的重要地位。

◆定級要素：此盆的人面繪製較為複雜，冥思的神態與游魚密切的關係，顯示出與原始社會的巫術有關，有較高的歷史、藝術價值。

4 彩陶網紋船形壺　新石器時代·仰韶文化

高 15.6　長 24.8 釐米
1958 年陝西寶雞北首嶺遺址出土
現藏中國國家博物館

◆泥質紅陶。器作船形，肩有雙鈕以供穿繫。腹壁兩面以赭黑彩繪出網紋。◆北首嶺遺址位於寶雞的金陵河與渭河的交匯處，出土物中有石網墜

等漁獵工具，是對古代先民生活的反映。此壺構思奇特，製作精巧，將壺塑造成船形並飾有網紋，突出地反映了當時的漁獵生活。
◆定級要素：此器造型罕見，保存完好，是仰韶文化的藝術珍品，它對於研究仰韶文化的生活提供了重要的參考資料。

5 彩陶雙連壺　　新石器時代·仰韶文化

高 20　口徑 6.5 釐米
1972 年河南鄭州大河村遺址出土
現藏鄭州市博物館

◆泥質紅陶。兩壺並列相連，中
腹互通。器身施紅陶衣，上繪
黑彩平行線條。

◆定級要素：此器造型
少見，製作精湛，陶
質細膩，胎體輕薄，
施彩豔麗，顯示出仰
韶文化製陶的工藝水
平，是仰韶文化彩陶中
的精品。

6 白陶鬶　　新石器時代·大汶口文化

高 23 釐米
1959 年山東泰安大汶口遺址墓葬出土
現藏山東省博物館

◆以白色高嶺土加細砂為胎。口頸呈喇
叭狀，流口上翹作鳥喙狀，扁圓腹，下接
圓錐狀袋足。器身壓磨光滑，通體施有白
陶衣。◆陶鬶為炊器，形體似鳥，為黃河下游
大汶口文化的典型器物，這一地區的夷人部
落多以鳥為圖騰，而鬶的造型應是這一文
化的具體反映。

◆定級要素：此鬶造型穩重，製作精緻，為
大汶口文化陶器中的佳作。墓葬出土，保存
完好。

7 紅陶獸形壺　　新石器時代‧大汶口文化

高 21.6　長 22　寬 14 釐米
1959 年山東泰安大汶口遺址墓葬出土
現藏山東省博物館

◆夾細砂紅陶。壺作豬形,仰首張口為流,尾根處有筒形口為注口。背部有鋬以供提攜。通體壓磨,施紅色陶衣。◆新石器時代,人類社會已經進入農業生產階段並開始馴養家畜。大汶口文化的家豬馴養已很發達,並作為財富的標誌,三分之一的墓葬有豬頭或豬骨,此器作成豬形應是這種經濟生活的反映。◆此器既是實用器皿,又是珍貴的陶塑珍品。

◆定級要素:此器造型質樸,形態生動。

8 彩陶鳥形壺　　新石器時代‧紅山文化

高 36　腹徑 32　底徑 11 釐米
1977 年內蒙古赤峯翁牛特旗大南溝墓葬出土
現藏內蒙古自治區博物館

◆夾砂紅陶。器呈鳥形，昂首蹲立狀，像一嗷嗷
待哺的雛鳥，伸頸張嘴，上有雙眼，鼓腹，短
尾上翹，平底，腹兩側有一對弧形耳。頭、頸
部飾帶狀黑彩。◆紅山文化彩陶紋飾多為直線
條、斜線條、三角形紋和菱形紋等。此器造型
生動，新穎別致，圓渾飽滿，極富動感，雕塑
手法雖顯稚拙，但極富生活氣息。
◆定級要素：此器利用動物形體作為壺形，在紅
山文化陶器中也較為鮮見。

9 彩塑女神頭像　　新石器時代‧紅山文化

高 22.5　寬 23.5 釐米
1983 年遼寧凌源牛河梁遺址出土
現藏遼寧省文物考古研究所

◆胎為黃土摻草禾，和泥塑製。頭
像與真人頭部大小相當，五官端
正，頭部平直起棱，眼珠用圓玉
片鑲嵌，頦尖豐滿，顴骨高聳，
雙耳長圓，大嘴微外咧。額及面
部打磨光滑，兩頰及唇部塗有紅
彩，形象逼真。◆此頭像出土於
遼寧凌源牛河梁多室建築的
女神廟址主室西側，女神
廟是一處重要祭祀遺址，
它的周圍是紅山文化的墓
地羣，建築基址還出有陶祭
器，泥塑人像和動物塑像。

◆定級要素：此頭像當為女性神像，是當時的權
勢者，有十分重要的歷史、藝術研究價值。

10 黑陶貫耳壺　新石器時代·良渚文化

高 12 釐米
1974 年江蘇吳縣澄湖遺址第 127 號井出土
現藏吳縣文物管理委員會

◆泥質灰陶。直口，粗頸，溜肩，垂腹，平底，肩部有對稱貫耳。器表施有黑色陶衣，打磨光

滑，腹部刻有四個原始文字，是在陶器燒成後刻劃而成。◆良渚文化是 1936 年以發掘浙江餘杭良渚遺址而得名，屬長江下游新石器時代晚期文化，其時代與中原地區龍山文化大體相同。貫耳壺是良渚文化的典型性器物，是良渚文化富有特色的“黑皮陶”，這種黑色極易褪落。此器與浙江良渚遺址所出的貫耳壺基本相同。
◆定級要素：壺上刻劃的原始文字，為研究中國古文字的形成提供了重要的資料。

11 彩陶堆塑人形壺　新石器時代·馬家窰文化

高 33.4　口徑 9.2 釐米
1974 年青海樂都柳灣墓葬出土
現藏中國國家博物館

◆泥質紅陶。器侈口，短頸，鼓腹，平底。器身施有紅色陶衣，上堆塑裸體人像，為男女兩性的複合體；並用黑彩繪圓圈紋，內填有網格紋。造型、彩繪紋飾屬馬家窰文化馬廠類型彩陶典型性的器物和紋

飾。堆塑人像造型拙樸，手法簡潔。◆此壺應是史前先人施行祝殖巫術時使用的法器，以祈求豐產。
◆定級要素：此器對研究原始宗教有十分重要的意義。

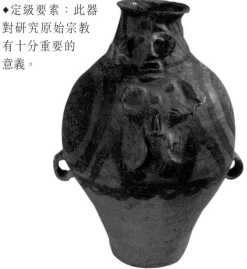

12 彩陶旋渦紋四繫罐 　新石器時代・馬家窰文化

高 50　口徑 18.4 釐米
1956 年甘肅永靖徵集
現藏中國國家博物館

◆泥質紅陶。器斂口，肩寬，腹以下漸收，平底。頸部有四鈎形鈕。器表打磨光滑，器身用黑彩繪有旋渦紋、水波紋等。◆此器形體高大，造型罕見，施彩鮮麗，紋飾精美，線條流暢自然，充溢動感。◆新石器時代後期，中原地區彩陶文化日漸衰落，而甘肅地區的彩陶文化卻日趨發達，馬家窰文化最具代表性。

◆定級要素：此器保存完好，是馬家窰文化彩陶中精品，有極高的藝術研究價值。

13 彩陶人面魚紋雙耳瓶　新石器時代·馬家窰文化

高 38.4　口徑 7 釐米
1958 年甘肅甘谷西坪遺址出土
現藏甘肅省博物館

◆泥質紅陶。小
口，長頸，溜
肩，深腹，平
底。器身黑彩繪
鯢魚紋，頭似人
面，魚身細長。
◆此器造型古
樸，胎質細膩，
紋飾精美。◆鯢

魚紋是馬家窰文化石嶺下類型彩陶最具特色的
紋飾，人格化的鯢魚紋應是原始氏族圖騰的反
映，對研究原始宗教有重要意義。

◆定級要素：此器保存完好，為原始藝術罕見的
珍品。

14 彩陶旋紋尖底瓶　新石器時代·馬家窰文化

高 26　口徑 7 釐米
1971 年甘肅隴西出土
現藏甘肅省博物館

◆泥質紅陶。器侈口，
直頸，斜肩深腹，尖
底。腹部飾雙環耳。
用黑彩繪有平行線
紋、旋渦紋。◆器型規
整，製作精湛，紋飾
佈局嚴謹，色彩明
快。◆旋渦紋是馬家窰
文化彩陶常見的紋
飾，兩者和諧統一，
既美觀又實用。◆此瓶
為汲水器。

◆定級要素：此瓶為珍貴的原始藝術佳作。

15 彩陶雙人抬物紋盆　新石器時代‧宗日文化

高 11.3 口徑 24.2 釐米
1995 年青海同德宗日遺址出土
現藏青海省文物考古研究所

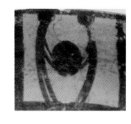

熟。◆宗日文化位於青海東部黃河上游地區，東北與甘青地區的馬家窰文化相鄰，故宗日文化受其影響較深。

◆定級要素：此器物較為完整。

◆泥質紅陶。器大口，侈唇，鼓腹，平底。內壁用黑彩繪四組對稱的雙人抬物圖案。◆此器在造型和裝飾技法上，都可以看出馬家窰文化彩陶的遺風，勞動紋飾的圖案極罕見，彩繪筆法嫻

16 橙黃陶袋足鬶　新石器時代‧龍山文化

通高 29.2 釐米
1960 年山東濰坊姚官莊遺址出土
現藏山東省博物館

◆胎中夾砂。手工塑製，施有黃陶衣，壓磨光滑。鳥喙形流向上斜伸，直筒形頸，三袋足分襠而立。前兩足作對稱狀，後足特別肥大且向後伸，三足位置呈等腰三角形。頸下兩側飾附耳，袋足上飾曲線狀附加堆紋，遍身貼附小圓餅飾。

◆定級要素：此器猶如一隻珍禽瑞鳥昂首而立，造型生動，工藝精湛，實屬罕見的陶塑傑作。

17 彩繪陶獸面紋罐　青銅時代‧夏家店下層文化

高 34.5 口徑 16.5 底徑 15.2 釐米
1974 年內蒙古敖漢旗出土
現藏中國社會科學院考古研究所

◆泥質灰陶。侈口，束頸，深腹，平底，腹兩側上下各有一對對稱穿耳。通體施紅、白彩紋飾，上繪卷雲紋和變形獸面紋。◆夏家店下層文化主要分佈在燕山以北至遼西一帶，敖漢旗出土的彩繪陶器，燒成後再繪紋飾，故彩繪容易剝落。◆此器造型古樸，紋飾精緻，彩繪鮮豔，與夏商青銅器上紋飾相類似，對研究北方與中原地區夏商文化關係提供了寶貴資料。

◆定級要素：此器彩繪紋飾保存較完好且精美。

18 黑陶獸紋鼎　戰國‧中山

通高 41.1 釐米
1977 年河北平山中山王𰯼墓出土
現藏河北省文物研究所

◆泥質黑陶。斂口，鼓腹，下附三蹄形足，口沿附豎耳。仿青銅器的造型。採用線刻、壓磨的技法，飾有獸紋、卷雲紋等，紋飾精細。◆此器造型規整，形體較大，為典型戰國鼎的形制。
◆定級要素：此器出土於戰國墓葬，屬重要禮器，年代確切，是重要的斷代標準器物。

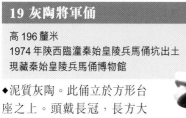

19 灰陶將軍俑　　秦

高 196 釐米
1974 年陝西臨潼秦始皇陵兵馬俑坑出土
現藏秦始皇陵兵馬俑博物館

◆泥質灰陶。此俑立於方形台座之上。頭戴長冠，長方大臉，五官端正。身穿戰袍鎧甲，雙手疊於腹前，足穿方口翹頭鞋。◆此俑形體高大，身材魁梧，面容嚴肅，栩栩如生。身軀雕刻簡練概括，頭部及手足雕刻細膩，寫實性強。通過對面部表情和形體動作的刻劃，加之絢麗的戎裝相烘托，成功地塑造出一個足智多謀、威武英俊的將軍形象，對研究秦代軍事、服飾及陶塑藝術等提供了實物資料。

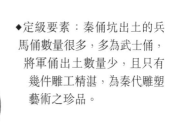

◆定級要素：秦俑坑出土的兵馬俑數量很多，多為武士俑，將軍俑出土數量少，且只有幾件雕工精湛，為秦代雕塑藝術之珍品。

國寶級‧青銅時代‧戰國‧秦

20 灰陶立射武士俑　　秦

高 178 釐米
1974 年陝西臨潼秦始皇陵兵馬俑坑出土
現藏秦始皇陵兵馬俑博物館

◆泥質灰陶。此俑雙腳分立於長方形台座之上。面部朝左，頭頂右側捲起一高髻，雙目平視前方，身穿戰袍，足登戰靴，左腿前蹬，右腿後綳，雙手呈拉弓瞄準立射狀。此俑形體高大，神態莊重，表情嚴肅。通過面部表情和形體動作的刻劃，運用寫實的雕塑藝術手法，生動地刻劃出一位剛毅勇猛的秦代弩兵平常訓練時一絲不苟的神態和形象。

◆定級要素：雕塑水平很高，人物形體比例適中，形神兼備，是中國古代雕塑藝術中的瑰寶。此俑出土數量少，更顯珍貴。

21 彩繪陶狩獵紋壺　西漢

高 44　口徑 8.6　底徑 18 釐米
1974 年河南洛陽墓葬出土
現藏洛陽市文物工作隊

◆泥質灰陶。敞口，束頸，鼓腹，平底。腹兩側有雙獸頭。外壁白粉塗地，施紅、黑彩繪紋，腹部為狩獵紋，兩人騎於馬上正在追捕猛虎和野牛，其間還繪有梅花鹿、大雁及祥雲。◆此器造型優美，紋飾生動，用筆自然流暢，繪畫技巧很高，具有較強的寫實性，情景交融，具有濃厚的生活氣息，反映出漢代繪畫藝術風格。

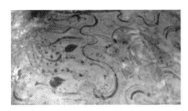

◆定級要素：漢代陶器中彩繪狩獵圖案較為罕見，此器為漢代彩繪陶器之佳作，對研究西漢狩獵活動提供了重要資料。

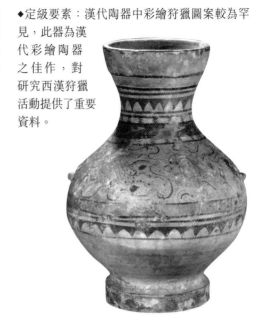

22 彩繪陶載人鳩　西漢

通高 53.5 釐米
1969 年山東濟南出土
現藏濟南市博物館

◆泥質灰陶。鳩展翅承載朱繪鼎，背部站立三人。兩個身穿紅袍，拱手而立。◆漢代人把鳩視作吉祥之鳥，滿鼎美食，供人食用，可以長生不老。漢時在山東地區，陰陽五行、讖緯的思想滲入了儒家思想，成為當時的思想主流，而漢武帝更遣人出海求長生不死之藥。在這些風氣之下，山東人的神仙思想繼續發展，致使許多藝術品中，有不少流露出濃厚的神話色彩，其內容多圍繞長生不老的渴望和傳說中的神仙形象。◆濟南市同時出土的彩繪陶載人鳩與彩繪陶載壺鳩、彩繪陶樂舞雜技俑、彩繪陶車馬俑（一車五馬）等文物。

◆定級要素：此器不僅是國內外罕見的陶塑藝術珍品，更是當時社會崇信道教，追求長生不老或羽化登仙的思想意識最直接的反映。

23 彩繪陶樂舞雜技俑　　　西漢

座長 67　寬 47.5　陶俑最高者 22.7 釐米
1969 年山東濟南出土
現藏濟南市博物館

◆泥質灰陶。長方形平座上塑樂舞、雜技、觀賞陶俑二十一人。座前中間有七人，左邊兩位女子正翩翩起舞。右邊四位男子正在做雜技表演，左前面一人似指揮者。座後一列為伴奏樂隊共七人，從左至右依次為吹笙、鼓瑟、捶鼓、敲鐘、擊缶，捶建鼓俑。觀賞俑七人分列於座兩側，拱手而立。座上還置放兩個大酒壺。俑身施朱、黃、粉、紫、赭等彩繪。此組陶俑人物眾多，但佈局井然有序，人物主次分明，表情恬淡自然，生動形象。人物造型雖顯古拙，但很傳神，彩繪鮮豔，更增強了藝術形象的感染力。◆中國古代將樂舞、雜技等藝術稱為"百戲"。《太平御覽》稱："百戲起於秦漢。"實際上遠在春秋戰國時，樂、舞已有"雅舞"、"雜舞"之分。到漢代匯集角力、競技、馴獸、幻術、樂舞、雜技等組成了"百戲"。

◆定級要素：此器為西漢墓葬出土，是研究漢代服飾、樂舞、雜技和雕塑藝術的重要資料。

24 彩繪陶指揮俑　　西漢

高 55 釐米
1965 年陝西咸陽楊家灣墓葬出土
現藏咸陽市博物館

◆泥質灰陶。此俑呈站立狀，頭部微昂，面微向右，五官端正，頭戴方巾，身穿戰袍鎧甲，腰繫革帶。右臂高舉，手指向前方，左手向下斜伸，足穿長靴。全身施紅、綠、白、黑等彩繪。

◆此俑造型比例適中，形神兼備，神態威嚴，彩繪鮮豔，陶塑技法很高，通過對武士面部表情和形體動作的刻劃，成功地塑造出一個沉着機敏的年輕指揮官形象。

◆定級要素：同墓出土的兩千多件彩繪立俑和騎俑中，指揮俑甚少，為研究漢代軍隊服飾和陶塑藝術提供了實物資料。

25 黃釉陶樽　　東漢

高 22.2　口徑 18.3 釐米
1981 年內蒙古包頭出土
現藏包頭市文物管理所

◆泥質陶。子母口，直腹，平底，三獸足，蓋為變形博山式。腹壁滿飾各種浮雕，有神話故事如神仙仕女、玉兔搗藥、西王母、鬼怪、武士、宴樂等，還有珍禽瑞獸如翼馬、蟾蜍、羊、豬、蛇、螭龍、鳥、狐等，器施黃釉。◆此器紋飾題材廣泛，採用淺浮雕的陶塑技法，紋飾古拙，但內容豐富生動，既表現出當時的現實生活，也有對美好生活的嚮往，借助器物表達出來，具有獨特的藝術魅力。

◆定級要素：此器出土於邊塞地區，為研究東漢時期，該地區風土人情、歷史文化藝術及思想內容提供了重要的實物資料，極為珍貴。

26 彩繪陶擊鼓説唱俑　　　東漢

高 55 釐米
1957 年四川成都墓葬出土
現藏中國國家博物館

◆泥質灰陶。此俑坐於圓形台座上呈説唱狀。着幘頭,胖圓臉,笑口大開,彎眉笑眼。上身袒露,兩臂戴有飾物。左臂下挾一圓形扁鼓,右臂手執擊鼓槌前伸欲擊,下穿長褲,左腿屈膝,右腿上揚,赤足。身塗白粉,施朱彩。◆説唱俑又稱説書俑,是漢代百戲之一。此俑身材矮胖,表情生動活潑,幽默風趣,雕塑線條簡練,技法嫻熟,具很高的藝術價值和欣賞價值。
◆定級要素:此器是一件細緻傳神又富於濃厚民間氣息和地方風貌的藝術佳作,為中國古代雕塑藝術之瑰寶。

27 綠釉陶望樓　　　東漢

高 130 寬 44 釐米
1972 年河南靈寶墓葬出土
現藏河南博物院

◆泥質紅陶。此樓閣為三層。底部池沿立有九人,池內有魚、龜、鴨等,池上矗立四阿式三層樓閣。一層樓,一吹奏者倚門而坐;二層樓,門正中站一長者,兩旁有吹奏者及武士;三層樓,兩扇門大開,內立高冠長衣人,門外有吹奏者及武士,三層樓頂正脊上立一展翅欲飛的鳥。通體施綠釉。◆此樓為東漢貴族地主家丁用以瞭望監視和看家護院的建築,為研究東漢建築風格及豪強地主生活提供了寶貴的資料。
◆定級要素:此樓造型精美,形體高大,做工精緻,反映出東漢陶塑技巧之高超。

28 黃釉陶樂舞紋扁壺　　北齊

高 20　口徑 4～5　底徑 6～9 釐米
1971 年河南安陽北齊武平六年（575 年）范粹墓出土
現藏河南博物院

◆壺體呈扁圓形，腹部兩面飾 "胡騰舞" 圖案，
五人正在樂舞，為胡人形象。胎為白色，通體
施橘黃色釉，釉色鮮豔。◆此壺造型新穎別致，

紋飾清晰。胡人樂
舞作為裝飾圖案以
及這種獨特的造
型在中原地區
較為少見，
反映出當時
中原地區
與西域
地區的
文化交
流，以
及南北
朝時期北
方各族人民
大融合的歷史
背景。對研究胡
人樂舞及繪畫藝術提供了實物資料。
◆定級要素：此壺反映出中原地區陶瓷技術日臻
成熟，製作水平很高。此壺出土於紀年墓，為
北齊陶器中的精品。

29 彩繪陶房　　隋

高 74　面闊 53.3　進深 65.3 厘米
傳河南洛陽出土
現藏河南博物院

◆泥質灰陶。房屋模型，面闊
三間，進深三間，單簷歇
山頂，正面中間開門，
其餘三面為實楊大門。
房屋斗拱、挑拱、正脊、
瓦脊等建築構件雕塑得非常
逼真。通體以白粉為地，其上
施紅、藍、黃等彩繪，色彩鮮
豔。◆隋代木構建築房屋，比
較罕見，此陶房為仿隋代木構
建築，更顯彌足珍貴，填補了
隋代建築史的空白，反映出當時
木構建築形制和構造的真實風貌，

對研究隋代建築藝術和陶
塑工藝提供了重要的實
物資料。
　　◆定級要素：此房屋
　　造型規整，製作精
　　　細，寫實性很
　　　　強。

30 三彩陶鴛鴦壺　　唐

高 13.5 長 29 釐米
1974 年河南新安墓葬出土
現藏河南博物院

◆陶壺作鴛鴦形，雙足卧於方形
座上，扁嘴長頸，尾部上捲，背
部有橢圓形口。雙翅部位刻劃羽狀紋
飾。胎呈白色，通體施紅、黃、綠、
白等三彩色釉。◆此器造型優美，器型
飽滿，神態逼真。雖為墓葬出土，但色
彩仍豔麗奪目，光潤亮澤。
◆定級要素：此器之陶塑技法高超，為不可多
得的藝術珍品，反映出唐代中原地區陶瓷及雕
塑工藝水平之高。

31 彩繪釉陶文官俑　　唐

高 69 釐米
1972年陝西禮泉唐麟德元年（664年）鄭仁泰墓出土
現藏禮泉縣昭陵博物館

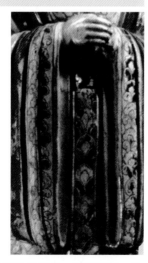

◆俑頭戴高冠，
五官端正，目視
前方，雙手拱於
胸前。身穿寬袖
外衣、白色寬腿
褲，足登如意
履。施黃、綠
釉，並輔以彩繪
和貼金裝飾，紋
飾繪製細膩精
湛。人物神態祥
和恭順，成功地
塑造出唐代文官
的形象。◆此俑

◆定級要素：此器
雖為墓葬出土，
彩繪及貼金仍保
存完好，色彩絢麗
斑斕，十分罕
見，有極高的
科學、藝術
研究價值。

形體高大，人物造型生動形象，形神兼備，為
唐代雕塑藝術中的珍品。

32 彩繪釉陶武官俑　　唐

高 72 釐米
1972 年陝西禮泉唐麟德元年（664 年）鄭仁泰墓出土
現藏陝西歷史博物館

◆此俑站立於圓形座上，頭戴盔，五官端正，面容威嚴，身穿鎧甲，下穿裳，足穿尖頭靴，右臂前屈置於胸前，空握拳，拳心留有原持物小孔，左臂下垂向前稍彎握拳。通體施黃、綠色釉，釉上彩繪，並貼金。◆彩繪釉陶是漢代釉陶的發展，唐三彩的前身，工藝複雜。此俑形象威武，表情嚴肅，衣着華美，衣飾全部彩繪貼金，精緻而繁密，彩繪鮮豔，為一年輕威武的軍官形象，為研究唐代彩繪釉陶工藝、服飾、陶塑藝術提供了實物資料。

◆定級要素：此俑為紀年墓葬出土，製作工藝精湛，裝飾紋飾精美，十分罕見，有重要的藝術、科學研究價值。

33 三彩陶女坐俑　　唐

高 47.5 釐米
1955 年陝西西安墓葬出土
現藏陝西歷史博物館

◆女俑端坐於蒲團上。高髻，圓臉，面頰豐腴，面帶微笑。上穿白地綠花袒胸短袖衣，內穿褐色緊袖衫，下穿翠綠色百褶長裙，裙上貼褐色團花。雙臂上曲似雙手正在持鏡打扮。◆此俑造型生動，姿態端莊，神情恬靜，衣着漂亮華麗，三彩鮮豔純正，為一貴族婦女的形象，具有該時代濃厚的生活氣息，反映出唐代在塑造人物俑方面題材更加廣泛而豐富，人物也更加形象和生動。

◆定級要素：此俑做工精湛，服飾非常精美。坐姿女俑在人物俑中少見，是一件完美的陶塑藝術品。

34 三彩陶騎馬俑　　　　唐

高 38　長 52 釐米
1966 年陝西西安出土
現藏西安市文物管理處

◆馬作奔馳狀，四蹄騰空飛奔，馬昂首伸頸，剪鬃縛尾，轡飾、鞍韉俱全。鞍上坐一騎俑，面帶微笑，身穿長袍，雙臂前伸做持韁狀。胎呈白色，馬施紅赭、黃色釉，俑衣為藍色，雖為出土物，但色彩絢麗，釉色光亮。◆此騎俑人物表情恬淡安詳，馬姿雄壯威武，造型富於動感，有強烈的藝術感染力。

◆定級要素：此騎俑製作工藝高超，為唐三彩器中之精品。

35 三彩陶騎馬射獵俑　　　　唐

高 36.2　長 30 釐米
1971 年陝西乾縣李重潤墓出土
現藏陝西歷史博物館

◆馬四肢直立於長方形底板上，披鬃縛尾，馬鞍上坐一武士，頭帶襆頭，側身回首仰望天空，雙手作張弓搭箭的射放狀，腰間掛一長劍。馬身和人身均係絞胎，胎呈白色，外罩彩釉，色彩豔麗，絢爛斑駁。◆絞胎在三彩器中較為罕見，工藝難度大，表現出唐代陶器製作水平之高超。

◆定級要素：此騎俑造型生動，人物表情刻劃得形象逼真，雕塑動中有靜，有很強的寫實性，具有獨特的藝術魅力，為唐三彩器中之精品。

36 三彩陶駱駝載樂俑　　唐

高 58　長 43 釐米
1959 年陝西西安墓葬出土
現藏陝西歷史博物館

◆駱駝昂首直立於長方形座上，
張口嘶鳴狀。駝背鋪有帶花邊
圓形墊子，其上搭一平台，用
刻花毯子覆蓋。其上七個男
樂俑盤腿朝外坐於平台四
周，手持笙、琵琶、排簫、拍
板、箜篌、笛、簫正在演奏，
中間立一體態豐腴載歌載舞的女
子。施藍、綠、黃等色釉。◆此器造型
新穎，器形碩大，駱駝健壯，人物表情豐
滿，形象逼真，陶塑藝術精湛，色彩豔麗。
為研究唐代雕塑藝術、音樂舞蹈、人物服
飾提供了寶貴資料。

◆定級要素：此器製作
　精美，墓葬出土，造
　型在三彩器中極為
　罕見。

37 三彩陶鞍馬　　唐

高 69　長 81 釐米
1981 年河南洛陽唐景龍三年（709 年）安菩墓出土
現藏洛陽市文物工作隊

◆馬昂首直立於長方形踏板上，兩耳直豎，
雙目圓睜，張口嘶鳴，剪鬃縛尾，轡飾、
鞍韉俱全，背披花毯，前腿直立，後腿微
彎。馬身施白釉地，間飾綠、黃等彩釉。◆此器
造型生動優美，神態逼真，體魄雄壯威武，姿
態矯健。三彩釉自然垂流。

◆定級要素：唐代三彩陶馬較多見，釉色絢麗多
姿，白釉馬罕見，堪稱三彩器中之佳品，紀年
墓葬出土，保存完好。

38 三彩陶駱駝　　唐

高 82　長 70 釐米
1970 年陝西咸陽契苾明墓出土
現藏咸陽市博物館

◆駱駝直立於長方形踏板上，昂首伸頸，張嘴嘶鳴，背部單峯，肢體修長。駝身施黑褐色釉，單峯及鬃毛施米黃色彩釉。單峯駝產於阿拉伯、印度等地。◆此器形體碩大，造型優美，形象逼真，彩釉滋潤光亮，陶塑技藝高超，為研究中外文化交流提供了實物資料。

◆定級要素：因造型及釉彩極為罕見，且為墓葬出土，保存完整，故彌足珍貴。

39 三彩陶載物駱駝　　唐

高 87.5　長 76 釐米
1981 年河南洛陽唐景龍三年（709 年）安菩墓出土
現藏洛陽市文物工作隊

◆駱駝立於菱形踏板上，為行走狀。曲頸昂首，張口嘶鳴，雙目圓睜，牙齒畢露，雙峯高聳，尾向左彎曲附於臀部，駝背上披花毯，雙峯間搭獸面袋，下墊夾板，駝背雙峯間還搭有絲綢、小口瓶、鳳頭壺、糧袋和肉塊等。通體施黃褐，綠、白等三彩釉色。◆器形高大，造型生動，形態逼真，釉色光潤，鮮豔亮麗。陶塑技藝高超，形象地反映出唐代商人用駱駝攜帶絲綢等物品，經絲綢之路西去經商的情景。

◆定級要素：此器墓葬出土，且保存完好，極為少見。

40 三彩陶天王俑　唐

高 113 釐米
1981 年河南洛陽唐景龍三年（709 年）安菩墓出土
現藏洛陽市文物工作隊

◆此俑站立於臥牛上，頭戴鶡冠，面目猙獰，身穿鎧甲戰袍，雙肩覆膊，右臂高舉握拳，左手叉腰，展翅翹尾，足踏臥牛，牛下方為長方形台座。通體施綠、黃、白等彩釉。◆此俑形體高大，體魄健壯，氣勢威武，三彩釉色鮮豔，彩繪精細。為研究唐代陶塑藝術提供了重要資料。

◆定級要素：此俑墓葬出土，且保存完好。

41 三彩陶舍利塔　北宋

高 98 釐米
1966 年河南密縣法海寺北宋塔基地宮出土
現藏河南博物院

◆塔作七級四角形，身飾麒麟、天王、力士、寶蓮、雲朵和聯珠紋等圖案，並刻有"咸平二年（999 年）四月二十八日記施主仇訓"的題記。出土時內置有"咸平元年（998 年）"題記的舍利匣。◆此器形體高大，造型規整，比例勻稱，做工精細，三彩釉色鮮豔，紋飾精美，為宋代早期三彩陶器之精品，極為罕見，有極高的藝術研究價值。

◆定級要素：此器是一件珍貴的建築模型，反映了當時人們崇信佛法和佛事盛行的社會風尚。為研究宋代佛塔提供了寶貴的實物參考資料。

42 黃釉陶鸚鵡形壺　　北宋

高 15.6　注口徑 6.2 釐米
1969年河北定州北宋太平興國二年（977年）靜志寺
塔基地宮出土
現藏定州市博物館

◆壺作鸚鵡形，背負一長頸注口，鸚鵡嘴即為壺
流。身飾篦劃狀羽紋，通體施黃釉。◆此器造型
新穎，生動形象，美觀又實用，反映出宋代陶
工高超的製瓷技能。

◆定級要素：此器出土於塔基地宮中，是北宋早
期釉陶的代表作，極為少見。

43 三彩陶鴛鴦壺　　遼

高 20.1　長 24.6　口徑 8.4　底徑 9.2 釐米
1977年內蒙古赤峯墓葬出土
現藏赤峯市文物工作站

◆壺為鴛鴦形，背部有花形注口，施三
彩釉。◆此器製作精緻，造型生動，釉
彩鮮亮，以其造型推斷應是模仿唐三彩的
鴛鴦壺。◆此器既是一件生活用品，又是一
件精美的陶塑藝術品。

◆定級要素：此器型在遼三彩器中較少見，為遼
三彩陶塑藝術中的精品。

44 綠釉陶鳳首瓶　　　　遼

高 37　口徑 10.1　足徑 6.9 釐米
1952 年內蒙古突泉出土
現藏內蒙古自治區博物館

◆荷葉杯狀口，細長頸，豐肩，鼓腹。瓶腹部刻劃牡丹紋。通體施綠釉。鳳首瓶在西域較為流行，見於高昌壁畫中，唐代時傳入中原地區，唐三彩器中有此類的器物，遼代陶器的製作也受到了影響。◆此瓶是遼代陶瓷器中代表性的器型。形體高大，製作精緻，釉色鮮豔明亮，腹部飾刻劃花卉紋較為少見。

◆定級要素：此器保存完好，為遼三彩器中的精品。

45 三彩陶印花戲獅紋八角形盤　　遼

高 9.5　口徑 25 釐米
1959 年內蒙古赤峯遼墓出土
現藏內蒙古自治區博物館

◆盤呈八角柱形，外壁各面印人戲
獅紋，人物形象為西亞人，施
黃、褐、綠釉。◆此器造型規
整，釉彩豔麗，紋飾精美別致，
立體感強，顯示出遼代三彩燒製
技術的高超水平。

◆定級要素：此器在遼三彩陶器中少見，墓葬出
土，保存完好。

46 三彩陶印花纏枝牡丹紋硯　　遼

高 8.5　口徑 21.6　底徑 21 釐米
內蒙古巴林左旗墓葬出土
現藏內蒙古自治區博物館

◆硯作圓形，外壁飾纏枝牡丹紋，施三彩釉。硯
附帶一洗，可以相套。洗作碗狀，內施黃釉，
外壁有墨書七個契丹小字。◆此器造型新穎，一
物兩用，為獨具匠心之作。

◆定級要素：此器雖為墓葬出土，三彩釉仍鮮豔
奪目，保存較好。硯在遼代三彩器中較為少
見，為研究遼代文房用具提供了實物資料。

47 三彩陶舍利塔　　　金

通高 78 底徑 30.5 釐米
1976 年河北靈壽麒麟院幽居寺出土
現藏正定縣文物保管所

◆仿木結構建築塔的形
制，重簷六角攢尖頂，
體施三彩釉。塔身刻有
"時大安二年（1210 年）
燒製" 題記。◆此舍利
塔形體高大，造型別
致，製作精湛，施釉鮮
豔，顯示出金代陶器的
製作水平。

◆定級要素：此器有明
確紀年，較為罕見，是
研究金代三彩器的重要標準器，並為金代建築
的研究提供了珍貴的參考資料。

48 項聖思紫砂桃形杯　　　明

高 7　口徑 10 釐米
50 年代初由儲南強先生捐贈
現藏南京博物院

◆杯呈半剖的桃式，
外壁堆貼小桃，嫩
葉及桃枝巧作成鋬
和足，杯口外沿刻七
言詩，下署 "聖思" 二
字。聖思，相傳為修道
人，姓項，善製桃杯，為
明末清初的宜興製陶工匠。

◆定級要素：此器胎質細膩，造型新穎奇特，獨
具匠心，工藝精湛，集雕塑、書法和篆刻於一
身，是紫砂陶器中的上乘之作。

1 灰陶繩紋碗　新石器時代·大地灣文化

高 7.2 口徑 18 釐米
1979 年甘肅秦安大地灣遺址早期墓葬出土
現藏甘肅省博物館

◆泥質陶。敞口，弧壁，圈
足。口沿作鋸齒狀，器外
表拍印交叉狀細繩紋。◆此
器出土於大地灣遺址墓葬
中，手製而成，造型古樸端
莊，為黃河上游地區迄今所知年
代最早的陶器。◆大地灣文化分佈
在渭水上游，距今約八千年，是中國
境內發現最早的新石器文化之一，在人
類文明發展史上佔有重要地位。

◆定級要素：大地灣早期文化陶器多為圜底，圈
足器較為少見，此器為大地灣文化陶器的代表
作。

2 紅陶三足壺　新石器時代·裴李崗文化

高 14.5 口徑 5.8 釐米
1977 年河南新鄭裴李崗遺址出土
現藏河南博物院

◆泥質紅陶。以泥條盤築法手製而成。球形腹。
底附三實足。通體光素無紋飾。◆裴李崗文化是
黃河中游新石器時代早期文化，距今約七千五
百年，它是仰韶文化的
來源之一。陶壺是該
文化常見的造型，有
多種形狀，尤以三足
壺最具典型
性。
　　◆定級要
素：此器規
整莊重，製
作較為精
細，保存完
整，較為少
見。

3 紅陶雙耳圜底壺　新石器時代·裴李崗文化

高 18.4 口徑 5.3 釐米
1977 年河南密縣莪溝墓葬出土
現藏河南博物院

◆泥質紅褐陶。口微侈，頸較高，圓球形腹，圜
底。肩部有對稱橫耳，上有小孔，以供穿繫。
◆定級要素：此器為黃河中游新石器時代早期的
陶器，反映了當
時的製陶工藝水
平，墓葬出土，
保存較好。

4 黃褐陶鼎　　新石器時代·北辛文化

高 37.5　口徑 23.5 釐米
1979 年山東滕縣北辛遺址出土
現藏滕州市博物館

◆黃褐色夾砂陶。斂口，腹略
鼓，附圓錐狀高足。蓋呈斗
笠狀。器腹、蓋飾有數組
窄條堆紋。◆北辛文化
是黃河下游地區新石器
時代早期文化，製陶技
術是較為原始的手工製
作，裝飾技法簡潔，反
映了早期陶器的特徵。
◆定級要素：此鼎為北辛
文化陶器的典型器物，
造型古樸，器較完整。

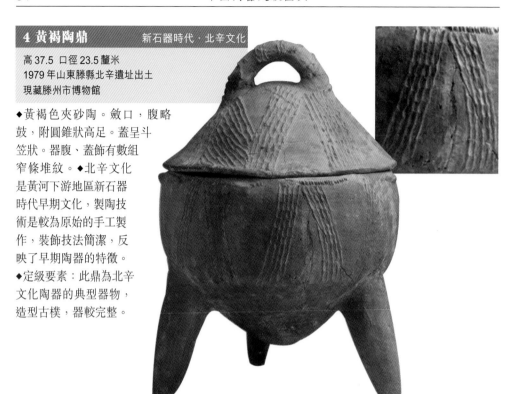

5 黑陶刻紋多角沿釜　新石器時代·河姆渡文化

高 22.8　口徑 23.8 釐米
1973 年浙江餘姚河姆渡遺址第四文化層出土
現藏浙江省博物館

◆夾炭黑陶。斂口，折沿，粗頸，
深腹，圜底。器身刻劃樹葉紋、水波
紋等。◆河姆渡文化是長江下游地區重要
的新石器文化。陶釜是河姆渡文化陶器中
的典型器物。
◆定級要素：此器造型古樸，製作規整，
紋飾寫實，為上乘之作。

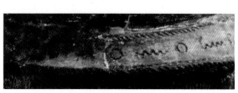

6 彩陶魚紋盆　　新石器時代‧仰韶文化

高 17 口徑 31.5 釐米
1954 年陝西西安半坡遺址出土
現藏中國國家博物館

◆泥質紅陶。盆淺腹折腰，圜底。通體施紅色陶衣，外壁用黑彩繪有三尾游魚紋。◆半坡遺址臨近渭河，漁獵是半坡先民重要的經濟來源。半坡彩陶的圖案中，以魚紋為主要題材的較為多見，魚紋構圖簡潔，用筆粗放，比例恰當。

◆定級要素：此盆為半坡彩陶的典型器物，形象生動，別具匠心，是原始藝術品中的佳作。

一級品‧新石器時代

7 彩陶魚紋圓底盆　　新石器時代‧仰韶文化

高 14 口徑 51 釐米
1978 年甘肅秦安大地灣出土
現藏甘肅省博物館

◆泥質紅陶。敞口，口沿外翻，弧腹，圜底。器黑彩裝飾，腹部繪有兩條變形的魚紋，線條流暢，形態優美。

◆定級要素：器形規整，形制較大，為仰韶文化廟底溝類型的典型器。

8 彩陶勾葉紋盆　　新石器時代·仰韶文化

高 24　口徑 35.5　底徑 13.5 釐米
1979 年山西方山出土
現藏山西省考古研究所

◆泥質紅陶。斂口，圓唇，寬
沿，腹上部外鼓，下部內
收，平底。器打磨光滑，飾
黑色彩繪。口沿滿飾黑彩，上
腹部繪勾葉紋，葉紋間空隙點綴
有黑彩圓點。
◆定級要素：此器造型規整，圖案簡潔
明快，線條流暢圓潤，保存完好。

9 白衣彩陶鉢　　新石器時代·仰韶文化

高 21　口徑 21 釐米
1972 年河南鄭州大河村遺址出土
現藏鄭州市博物館

◆泥質紅陶。斂口，圓唇，圓肩，鼓腹，平底。
口沿飾以紅彩，肩及腹上部塗白色為地，其上
飾以黑紅彩。肩部以黑紅色彩繪出菱形、弦
紋、三角形及櫛形組成的三組紋飾，腹部則飾
以弧線三角紋，並配有紅色圓點。
◆定級要素：此器雖為遺址出土，色彩保存依舊
豔麗，構圖均勻，搭配協調，為彩陶中的上乘
佳作。

10 彩陶樹葉紋豆　　新石器時代·仰韶文化

高 16　口徑 23 釐米
1957 年陝西華縣出土
現藏陝西歷史博物館

◆泥質紅陶。斂
口，深腹，喇叭
形高圈足，上鏤
空三個小圓孔。

腹部塗白色為地，上飾黑彩繪成的樹葉紋及三
道弦紋。
◆定級要素：此器造型別致，紋飾圖案新穎，繪
製細緻，在仰韶文化彩陶中較為少見。

11 彩陶人頭器口瓶 新石器時代・仰韶文化

高 31.8 口徑 4.5 底徑 6.8 釐米
1973 年甘肅秦安大地灣遺址出土
現藏甘肅省博物館

◆泥質紅陶。器呈人形，口部塑成人頭形，橢圓形腹。器表施以紅色陶衣，腹部用黑彩繪有三角紋等。◆此器採用雕塑與彩繪相結合的裝飾方法，人物形象生動，神態自然，彩繪紋飾線條流暢，色調明快。

◆定級要素：大地灣遺址出土大量的陶器，而僅出土此件塑有人像的彩陶瓶。為仰韶文化廟底溝類型彩陶中的精品。

12 陶鷹尊　　　　新石器時代·仰韶文化

高 36 釐米
1975 年陝西華縣仰韶文化廟底溝類型墓葬出土
現藏中國國家博物館

◆泥質黑陶。器作鷹形，銳喙圓目，鷹身為器
腹，鷹足及尾為器足。◆此器出土於仰韶文化
墓葬，器呈鷹狀，用極簡練的雕刻技法刻劃出
雄鷹威嚴的神態，生動逼真，為原始陶塑藝術
中的珍品。

◆定級要素：此器構思巧妙，雕塑技法古拙，尊
與鷹體渾然一體，在新石器時代陶器中少見，
保存完好，十分難得。

13 彩陶鳥魚紋細頸瓶　新石器時代·仰韶文化

高 21.6　口徑 2.1 釐米
1958 年陝西寶雞出土
現藏中國國家博物館

◆泥質紅陶。小口，細長頸，寬肩，扁腹，小平
底。器身飾以黑彩。口部繪花瓣形花紋，肩部
繪鳥魚紋，鳥銜魚尾，魚回頭相顧。構圖簡
潔，畫面生動活潑。

◆定級要素：此器
為仰韶文化半坡類
型陶器的典型器
物，保存完好。

14 紅陶貓頭鷹頭　新石器時代·仰韶文化

高 7　直徑 14.2 釐米
陝西華縣出土
現藏北京大學

◆泥質紅陶。
呈半球形，
塑成貓頭
鷹頭部形
狀。頂部
中心飾長
喙，尖端
內彎。喙兩
旁雙目圓
睜，眼球凸
出，眼框周圍刻鋸齒
紋一周。上部本有雙耳，現已失。其餘部分滿
刻錐刺紋，呈羽毛狀排列。

◆定級要素：此器造型比例適中，形象生動，極
富藝術感染力。

15 紅陶刻劃櫛紋盆　新石器時代·大溪文化

高 7　口徑 16.4　足徑 13 釐米
1978 年湖南安鄉出土
現藏湖南省博物館

◆泥質紅陶。斂口，鼓腹，高圈足外撇。器身刻劃有櫛紋、折曲紋、指甲紋等。◆大溪文化是長江中游地區重要的新石器文化，陶器以紅陶為主，盛行圈足器。

◆定級要素：此盆為其代表性器物，裝飾紋飾繁縟，器型古樸端莊，反映了大溪文化早期製陶技術的水平。

16 紅陶刻劃櫛紋釜　新石器時代·大溪文化

高 42　口徑 67 釐米
1974 年湖南澧縣出土
現藏湖南省博物館

◆夾砂紅陶。斂口，圓唇，圓腹，圜底。施紅色陶衣。腹部刻平行凹弦紋數道，每道弦紋內刻劃三角紋及兩組櫛紋。
◆定級要素：此器胎體厚重，形制較大，反映了當時製陶技術的成熟，是長江中游大溪文化的代表作。

17 紅陶龜形鬹　新石器時代·大汶口文化

高 10.5　長 20.5　寬 19 釐米
1979 年山東膠州三里河出土
現藏膠州市博物館

◆器呈圓龜形，腹為圓筒狀，前有龜頭伸出，尾部肛門凸起，似為雄性，腹下有四肢，作爬形狀。龜頭上部裝一筒狀流，腹上安提手。手工捏塑，通體施紅陶衣，壓磨光滑，但流口

微殘。◆膠州市曾出土豬形鬹和狗形鬹，繼而又出土這件龜形鬹，說明當時膠州一帶的古人以龜為靈物的觀念形成較早。◆此器既是盛酒容器，又是一件罕見的陶塑藝術珍品。
◆定級要素：此鬹工藝規整。

18 白陶雙鋬鬶　新石器時代·大汶口文化

高 34.1 釐米
1977 年山東莒縣陵陽河遺址出土
現藏莒縣博物館

◆此鬶用夾細砂白陶捏塑而成，形似佇立的一隻禽鳥，鳥喙形流上揚，頸部細而高，腹部微鼓似鳥身，下有三足支撐。背部安有象徵雙翅的寬帶式鋬，並有翹起的尾形鋬。鋬上刻劃線紋象徵羽毛。器形如鳥，展翅欲飛。◆陶鬶是溫煮酒（或水）的容器，是黃河下游地區新石器時代常見的器物。黃河下游東夷部族以鳥作圖騰為其族徽，故創造出似鳥形的各式陶鬶，作為日常生活用具。

◆定級要素：此鬶為富有地方文化特徵的典型器物及寫實性很強的陶塑藝術品。

19 彩陶網紋背壺　新石器時代·大汶口文化

高 25.5 口徑 8.4 釐米
1966 年江蘇邳縣出土
現藏南京博物院

◆泥質紅陶。侈口，粗頸，平肩，鼓腹，平底。一側上腹部飾對稱環耳，另一側下腹部飾一較大的環耳。器身紅褐彩繪同心半圓紋、斜方格網紋等。◆此器設計合理，繫繩汲水、背負提挈均較方便，是大汶口文化最具特點的器物之一。

◆定級要素：此器造型端莊，彩繪紋飾精美，線條流暢，為大汶口文化彩陶中的精品。

20 灰陶尊　新石器時代·大汶口文化

高 57.5　口徑 29.5 釐米
1961 年山東莒縣陵陽河遺址出土
現藏莒縣博物館

◆夾砂灰陶。侈
沿，直口，筒形
深腹，尖圓底。
腹上部刻有
"⛾"，為圖像文
字。◆此器為泥
條盤築法手製而
成，胎質堅硬，
反映出大汶口文
化較高的陶器製
作和燒造水平。

◆此尊銘有早
於商代甲骨文
字的圖像文
字，是研究中
國文字起源和
發展的珍貴參
考資料。

◆定級要素：
此器形體較
大，製作規
整。

21 彩陶小口壺　新石器時代·大汶口文化

高 19.5　口徑 7 釐米
1966 年南京邳縣出土
現藏南京博物院

◆泥質紅陶。小圓口，侈
沿，短細頸，球形腹，
小圓底。器物表面磨光，施紅色陶衣。腹部上
半部分彩繪花瓣圖。用白
彩勾畫弧形及直線紋，
則空地處自然形成花瓣
紋樣，且在白地上填
塗黑彩，留白
邊，每四朵花
瓣的中央處繪
黑色圓點。

◆定級要素：
此器紋飾構
思巧妙，色
彩運用協調，
線條流暢，富
於美感。器保存
完好。

22 黑陶鏤孔高柄杯　新石器時代·大汶口文化

高 21.8　口徑 7.3　足徑 6.1 釐米
1973 年山東日照東海峪遺址出土
現藏上海博物館

◆泥質黑陶。侈口，
深腹，圜形底，下置
高柄，圈足。高柄鏤雕
七列連續的圓孔。◆器表
打磨光滑，色澤瑩潤。胎
質極薄，反映出當時製
陶技術已相當成
熟。

◆定級要素：器形
典雅古樸，是大汶
口文化黑陶的代表
作。

23 彩陶几字紋缶 新石器時代·大汶口文化

高 31 口徑 32 釐米
1974 年山東泰安大汶口遺址出土
現藏山東省文物考古研究所

◆器為夾砂紅陶所製，並施有紅色陶衣，壓磨光滑。腹上部用白彩繪几字紋

一周，相間排列黑地白彩雷形幾何紋，佈局疏密相宜，線條粗獷有力。◆此器為非一般日用器皿，可能與祭祀或宗教活動有關。
◆定級要素：器體碩大，造型渾厚，紋飾題材新穎，實為大汶口文化陶器所罕見。

24 彩陶八角星紋盆 新石器時代·大汶口文化

高 18.5 口徑 33.8 釐米
1963 年江蘇邳縣出土
現藏南京博物院

◆泥質紅陶。侈口，寬沿，鼓腹，平底。器身塗紅白陶衣及紅、白、黑彩。口沿上相間繪相對的褐彩三角紋和紅黑豎條紋。腹部橫向繪七個白色八角星，外以黑

邊勾勒。中間開紅色方形空地。八角星之間以白色雙豎條紋相隔。
◆定級要素：圖案簡練，紋飾別具一格，是大汶口文化彩陶的佳作。

25 彩陶連貝紋盆 新石器時代‧大汶口文化

高 20.5 口徑 28 釐米
1976 年江蘇邳縣出土
現藏南京博物院

◆泥質紅陶。大口內斂,口沿寬,深
腹,平底。器身施紅、白、黑三
彩。口沿外先以黑彩塗滿為地,繪
白彩連柵紋。腹部先繪黑紅相間的
色帶五條,色帶寬窄不一,再於黑色
帶上飾以白彩連貝紋,其中央點紅色
圓點,連貝紋之間以白色弦紋和紅色
斜線。連貝紋之下又施一圈黑地白彩連
柵紋。

◆定級要素:以連貝紋作為裝飾,較為罕見,顯
示出先民對貝的喜愛及貝本身的珍貴,器保存
完整。

一級品‧新石器時代

26 彩陶花瓣紋鉢 新石器時代‧大汶口文化

高 9.6 口徑 14.3 釐米
1976 年江蘇邳縣出土
現藏南京博物院

◆泥質紅陶。斂口,
寬肩,鼓腹,小平
底。肩腹部施白色陶
衣,用紅彩繪出弧邊
三角紋,露白地處即
為長卵形的花瓣,花

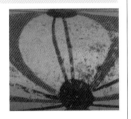

瓣相連處再用褐彩點
綴花蕊,構成一幅主題突出、線條富於變化、
賞心悅目的花朵圖案。

◆定級要素:器保存完好,彩繪豔麗。

27 褐陶號角 新石器時代‧大汶口文化

長 39 大口徑 8.5 釐米
1979 年山東莒縣墓葬出土
現藏山東省文物考古研究所

◆夾砂褐陶。形似牛角,體飾籃紋、螺旋紋。

◆定級要素:此器造型古
樸,製作精緻。墓葬
出土,保存完
好。陶質號角
甚少見,是
研究古代樂
器寶貴的參
考資料。

28 彩陶八角星紋豆 新石器時代·大汶口文化

高 29.5 口徑 26 足徑 14.5 釐米
1974 年山東泰安大汶口遺址出土
現藏山東省文物考古研究所

◆泥質紅陶。侈口，折沿，深腹，喇叭形高圈
足。通體磨光，器表施以紅色陶衣，並用黑
彩、白彩繪有八角紋、對弧線等。◆大汶口文化
是黃河下游地區重要的新石器文化，其彩陶以
使用複彩、白彩描繪紋飾為特點。紋飾中的八
角星紋是大汶口文化特有的裝飾圖案。

◆定級要素：此器造型秀美，紋飾簡潔，色彩對
比強烈而和諧，具有獨特的藝術風格，是大汶
口文化彩陶中的精品。

29 彩陶連環紋器座 新石器時代·大汶口文化

高 24.1 口徑 19 足徑 27 釐米
1976 年江蘇邳縣出土
現藏南京博物院

◆泥質紅陶。侈
口，折沿，喇叭形
高圈足。器身用黑、
紅、白色彩繪連環
紋、連柵紋等。◆此
器座造型相當合
理，上端小，下
端大，使用十分
穩定，反映出
大汶口原始

先民的聰明才智，為該文化陶器中的
典型器物。

◆定級要素：此器紋飾繁縟，佈局
規整，有層次感，彩繪色彩鮮
麗，頗具豐滿的裝飾效果。

30 紅陶雙口壺　新石器時代·紅山文化

高 21.3 口徑 5.6 底徑 10 釐米
1977 年內蒙古赤峯翁牛特旗大南溝墓葬出土
現藏內蒙古自治區博物館

◆夾砂紅陶。通體光素無紋。雙直口，
扁圓腹，平底。肩兩側有一對穿鈕，腹
兩側有對稱弧形耳。◆此器造型別致獨
特，帶有濃厚的地方特色。紅山文化
因1935年發現於今內蒙古赤峯
市紅山後遺址得名，距今
約五千年。陶質以砂質
褐陶和泥質紅陶為主，
器型有大口深腹罐、直
口碗、筒形器和大口鉢
等，均為手製。

◆定級要素：此壺呈雙口，器型在紅山文化陶器
中極為少見，彌足珍貴。

31 紅陶弦紋盆形鼎　新石器時代·崧澤文化

高 36 口徑 45 釐米
1983 年上海青浦出土
現藏上海博物館

◆夾砂紅陶。器呈盆形，侈
口，口沿外折，腹壁近直，圜
底，下腹接三鴨嘴形足。腹部
刻劃弦紋裝飾，中間有一道凸起
的繩索紋，足上部刻劃下垂的線
紋。◆此器出自遺址文化層中，且
周圍土面有灼燒跡象，此器應為
炊具。
◆定級要素：此器保存完好。

32 黑衣灰陶鏤孔豆　新石器時代·崧澤文化

高 17.1 口徑 19.2 足徑 14.3 釐米
1961 年上海青浦崧澤遺址墓葬出土
現藏上海博物館

◆泥質灰陶。直口，淺盤，倒喇叭形把手，圈足。施以黑色陶衣，盤外飾一周凸棱，把手上部瓦紋，下部鏤雕各種幾何形的孔，其間空地壓劃勾連紋。
◆定級要素：器小巧玲瓏，製作較精細。

33 黑衣灰陶雙層鏤孔壺　新石器時代·崧澤文化

高 15.5 口徑 8.1 釐米
1966 年上海青浦出土
現藏上海博物館

◆泥質灰陶。侈口，短頸，平肩，鼓腹，圈足。腹部為雙層壁，內為折肩筒形腹，外為折肩鼓腹，均以鏤雕的三角和圓點紋作裝飾。口沿和圈足裝飾成花瓣狀，圈足上鏤雕三角和圓點紋。
◆定級要素：崧澤文化陶器雙層套瓶和鏤雕裝飾較為少見，保存完好。

34 人首陶瓶　新石器時代·崧澤文化

高 21 釐米
1990 年浙江嘉興大墳遺址出土
現藏嘉興博物館

◆泥質灰陶。器頂端為人首形象，細長頸，深腹，前胸開一橢圓形口。圈足。胎體較薄。◆人首塑得較為生動，五官端正清晰，造型新穎，構思巧妙，反映出先民豐富的想像力，為當時陶塑藝術之代表作。崧澤文化是長江下游地區重要的新石器文化，太湖流域為其中心地區。
◆定級要素：陶器以鼎、釜、罐、壺、豆等為主，人首陶瓶較為少見。

35 灰陶豬首形匜　　新石器時代・崧澤文化

高 6.7 口徑 12.5 釐米
1974 年上海崧澤遺址墓葬出土
現藏上海博物館

◆泥質灰陶。直口，
方唇，直腹，圜
底，口一側置流。
倒置為豬頭形象，
豬首為流，雕有
口、鼻、耳、眼。

◆定級要素：豬形器物在崧澤文化中較為少見，此器形制別致。

一 級 品 · 新石器時代

36 灰陶獸形器　　新石器時代・崧澤文化

高 10.5 長 21 口徑 4.6～6.5 釐米
1973 年江蘇吳縣草鞋山遺址出土
現藏南京博物院

◆泥質灰陶。器如四足行走的怪獸，昂首翹尾，長圓腹，體中空，兩側鏤空，刻劃幾何形紋飾。◆吳縣草鞋山遺址為蘇南地區重要的新石器時代遺址。

◆定級要素：此器造型新穎別致，形態怪異，反映出崧澤先民豐富的想像力和創造力，為原始陶塑藝術中的珍品。

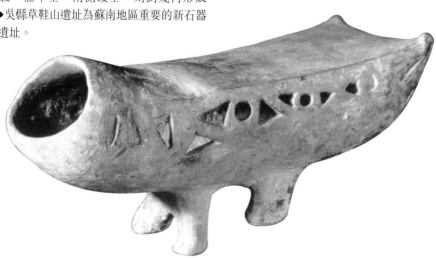

37 黑陶鏤空高柄杯　　新石器時代·屈家嶺文化

高 20 口徑 7 足徑 9 釐米
1965 年河南淅川出土
現藏河南省博物院

◆泥質黑陶。
侈口，折沿，
折腹，高柄，
圈足。通體磨
光，飾有刻劃
弦紋及鏤空紋
飾。◆屈家嶺
文化是長江中
游地區重要的
新石器文化，

分佈以江漢平原為中心，北界越過丹江進入豫
西南。

◆定級要素：此器製
作精湛，胎質細膩，
造型古樸，為屈家嶺
文化黑陶的代表作，
且保存完整。

38 紅陶鬹　　新石器時代·良渚文化

高 24 釐米
1972 年上海金山出土
現藏上海博物館

◆胎呈紅色，且夾細砂。口沿外捲，在三分之一
弧處向內捏起，小端形成
流，短頸，鼓腹，腹下設三
個大圓錐形袋
足。腹部與
口相對一
側置帶狀
環形鋬。
　◆定級要
素：此器為
良渚文化的
典型器，造型
新穎別致，保
存完好。

39 漆繪黑衣陶罐　　新石器時代·良渚文化

高 8.6 口徑 6 釐米
1960 年江蘇吳江出土
現藏南京博物院

◆細泥灰陶。侈口，短直頸，鼓腹，中間束腰，
下附矮圈足。口沿上穿有對稱的孔，用以穿
繫。器表先施一層棕色漆料，其上用金黃和棕
紅色漆繪紋飾，有雙鈎網紋。此器所用的漆料
經科學化驗為生
漆，表明當時在
太湖地區已經用
生漆來裝飾
陶器。
　◆定級要
素：此器
豐富了陶
器的裝飾
技法，非
常罕見。

40 紅陶盆形鼎　新石器時代‧良渚文化

通高 25　口徑 26.9 釐米
1973 年江蘇吳縣草鞋山遺址出土
現藏南京博物院

◆夾砂紅陶。敞口，淺
腹，平底，底承以丁
字形三足。腹部飾弦
紋，足飾鏤空新月形紋。
◆良渚文化是長江下游地
區重要的新石器文化，此
鼎為良渚文化陶器的典型
器物，造型質樸，採用鏤空
和刻劃裝飾技法，紋飾精
緻。
◆定級要素：此鼎出土於重
要文化遺址，雖殘破修
復，但其歷史、藝術研究
價值較大。

41 黑陶鱉形壺　新石器時代‧良渚文化

高 10.6　口徑 4 釐米
1974 年江蘇吳縣出土
現藏吳縣市文物管理委員會

◆泥質黑陶。器呈鱉形，壺口即鱉首，橢圓形壺
腹即鱉身，上部凸起，下部內
凹，邊沿有四個凸出的小
爪及短尾，邊緣及脊背均
堆貼鋸齒紋。◆此器
造型奇特新穎，陶
塑技藝高超，集堆
貼和雕塑於一體，是
先民根據水生動物鱉形而
製成的實用器皿，也是一件
難得的陶塑藝術佳品。

◆定級要素：器型在良渚文化陶器中較為少見。

42 灰陶豚形壺　新石器時代·良渚文化

高 11.7 長 32.4 釐米
1960 年江蘇吳縣梅堰遺址出土
現藏南京博物院

◆泥質灰陶。器呈豚形，俯首翹尾，尖喙，圓眼，頭頂有冠，身軀肥碩，腹中空，尾部為圓管形狀，為壺口，腹下有三矮足。◆此器造型新穎獨特，構思巧妙，形神兼備，是原始社會不可多得的陶塑藝術品。豚生活於江河海洋中，梅堰遺址位於太湖東南岸，遠古時代太湖與長江是相通的，反映出當時豚在這一帶生活，以至梅堰先民經常看到豚。

◆定級要素：此器以豚作為壺形，至今僅見此件，較為珍貴。此器對研究新石器時代良渚文化的陶塑藝術及古生物學提供了寶貴資料。

43 彩陶方格曲折紋提梁罐

新石器時代·馬家窰文化

通高 16.6 口徑 12.8 底徑 6 釐米
1974 年青海民和出土
現藏青海省文物考古研究所

◆泥質陶。侈口，短頸，鼓腹，平底，口上飾有拱形提梁。通體施黑、紅彩繪，飾有菱形紋、方格曲折紋等。◆此器造型別致，器型少見，彩繪精細，採用單色平塗與雙鈎填彩相結合的技法，紋飾繁縟而排列有序，是馬家窰文化馬廠類型的代表性器物。

◆定級要素：此器保存完好。

44 彩陶網紋束腰罐　新石器時代·馬家窰文化

高 18.3　口徑 15.2 釐米
1958 年甘肅永登出土
現藏甘肅省博物館

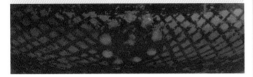

◆泥質紅陶，斂口，平沿，束腰，鼓腹，平底。
上腹兩側有對稱豎鼻，下腹中部置豎耳一對。
器身施黑白彩，白彩繪平行線，黑彩則繪網格
紋和圓點紋。

◆定級要素：此器造型特殊，圖案精美，為馬家
窰類型彩陶
的精品，保
存完好。

45 彩陶旋渦紋罐　新石器時代·馬家窰文化

高 23　口徑 14.6 釐米
1977 年甘肅蘭州出土
現藏甘肅省博物館

◆泥質紅陶。侈
口，縮頸，鼓腹，
平底，腹部置對稱
環耳，用以穿繫。
器身用紅、黑兩彩
裝飾，口沿內壁用黑彩繪弧線紋及平行豎條
紋，頸部黑彩飾平行線紋，腹部繪連續的旋渦
紋，運筆流暢，圖案富有層次感，色彩豔麗。

◆定級要素：此器保存完好，為半山類型彩陶的
精品。

46 彩陶雙連罐　新石器時代·馬家窰文化

高 7.4　橫長 25　口徑分別為 9.6 和 10.2　底徑 4.5 釐米
1974 年青海民和出土
現藏青海省文物考古研究所

◆泥質陶。兩罐以腹
部一粗管相通，口沿
相臨處橫跨兩罐置帶
狀提梁。侈口，窄
沿，鼓腹，平底。器
身以紅黑兩彩裝飾。腹
外部口沿下繪紅彩帶紋，其下
繪黑彩波折紋，腹內繪黑紅彩十字圓點

紋，屬馬家窰文化馬廠類型彩陶。

◆定級要素：此器造型少見，構思精巧。

47 彩陶鳥頭雙耳罐　新石器時代·馬家窰文化

高 15.4 口徑 11 釐米
1956 年甘肅天水出土
現藏甘肅省博物館

◆泥質紅陶。侈
口，口沿外
捲，短
頸，寬
肩，扁
腹，平底。
腹部設對稱橫
耳。器身施褐彩，頸

部和肩部繪平行帶狀紋，上腹部
繪兩組翅羽紋，其下繪一帶狀褐彩
及波浪紋。
◆定級要素：此器圖案運筆流暢，線條
舒展，為石嶺下類型彩陶的精品。

---

48 彩陶舞蹈紋盆　新石器時代·馬家窰文化

高 28.5 口徑 13 底徑 12 釐米
1973 年青海大通出土
現藏中國國家博物館

有重要的歷史研究價值。此盆為馬家窰文化彩
陶的典型器物。

◆泥質紅陶。大口微斂，捲唇，鼓
腹，下部急內收，小平底。器內壁
用褐彩繪三組舞蹈紋，每組五人，攜
手並肩，翩翩起舞。此器施彩雖筆墨
不多，但人物形象生動，栩栩如生。
◆定級要素：舞蹈紋在原始藝術彩陶中實屬
罕見，它應是對原始宗教或祝禱巫術的反映，

---

49 彩陶同心圓紋盆　新石器時代·馬家窰文化

高 14.1 口徑 29 底徑 10 釐米
1978 年青海民和出土
現藏青海省文物考古研究所

色彩豔麗奪目，紋飾線條酣暢，具有強烈的動
感，反映出馬家窰製
陶描繪技藝
的嫻熟高
超，為彩
陶中的精
品。
◆定級要
素：此器保
存完好。

◆泥質橙黃陶。斂口，口沿
外折，弧壁，淺腹，平
底。器內外用黑彩繪有圓
點渦紋、網格紋等。◆此盆
為馬家窰文化彩陶的典型器
物，胎質細膩，器表打磨光亮，

50 彩陶鴨形壺　新石器時代‧馬家窯文化

高 18　口徑 5.2　底長 17 釐米
1977 年青海民和出土
現藏青海省文物考古研究所

◆泥質陶。壺體作鴨形，口頸為鴨頭，腹部為鴨身，兩側有環形耳，後部有短尾。通體用黑、紅兩彩繪有鴨紋、水波紋。

◆定級要素：此器造型較為罕見，構思巧妙，施彩豔麗，是馬家窯文化馬廠類型彩陶雕塑作品的傑作。

51 彩陶網紋雙耳瓶　新石器時代‧馬家窯文化

高 43.8　口徑 9　底徑 9 釐米
1975 年甘肅禮縣出土
現藏禮縣文化館

◆泥質紅陶。喇叭形口，直頸，圓肩，長圓腹，平底。腹中部設對稱雙耳。器以黑彩裝飾，肩部為波浪紋，上腹部飾相對的半圓形網紋，其下繪水渦紋。

◆定級要素：此器形體修長，紋飾精緻，極有藝術魅力，為馬家窯文化石嶺下類型彩陶的精品。

一級品‧新石器時代

52 彩陶十字圓點網紋瓶　新石器時代‧馬家窯文化

高 11.8　口徑 29.7　底徑 10 釐米
1978 年青海民和出土
現藏青海省文物考古研究所

◆泥質橙黃陶。侈口，口沿外折，粗頸，溜肩，鼓腹略扁，平底。以黑彩裝飾。口部飾變體樹葉紋，頸、肩部繪平行弦紋。其下為圓圈、網紋及弧線三角組成的組合圖案，圓圈紋內三線十字。下腹部飾平行線波浪紋，綴以黑點。

◆定級要素：此器線條流暢，為馬家窯文化彩陶的代表作。

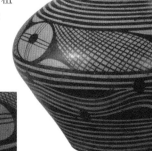

53 彩陶堆塑人頭壺　新石器時代·馬家窰文化

高 16.5 口徑 8.3 底徑 8 釐米
1971 年青海民和出土
現藏青海省文物考古研究所

◆泥質紅陶。侈口，短頸，
鼓腹，平底。腹部堆
塑一人頭像。
壺身黑彩繪
連弧紋、
垂帳紋
等。馬家
窰文化彩陶中人
形彩繪、陶塑約有
四十餘件，應與原始
巫術和原始宗教有關。

◆定級要素：此器造型
端莊，保存完好，為
馬家窰文化馬廠類型
彩陶中的精品。

54 彩陶卐紋長頸壺　新石器時代·馬家窰文化

高 24.9 口徑 10.3 底徑 12.5 釐米
1980 年青海民和墓葬出土
現藏青海省文物考古研究所

◆夾砂紅陶。侈口，長直頸，扁腹，平底，
頸肩相連處置一豎耳，相對一側腹中部有
一環鈕。以黑紅兩彩裝飾。口內飾鋸齒
紋和二線連弧紋，頸部黑彩繪相間的平
行線及弦紋，腹部繪四個大圓圈
紋，圓圈內填卐紋，卐字繪成
網格狀。
◆定級要素：此器造型別
致，圖案新穎，繪製層次
分明，屬馬家窰文化馬廠
類型彩陶。

55 黃陶實足鬶　　新石器時代·龍山文化

高 42 釐米
1960 年山東濰坊姚官莊遺址出土
現藏山東省博物館

◆夾細砂黃陶。口為半圓形,口沿外捲,另外一半為鳥喙形長流,向上直伸。頸部呈圓筒狀,腹部為扁圓形,平襠,下設三個長錐形實足。頸腹之間有鋬,刻劃成繩索狀。腹部有一周弦紋,全身施黃色陶衣。

◆定級要素:此器造型規整雋秀。

56 紅陶長頸鬶　　新石器時代·龍山文化

高 28 釐米
1980 年湖南湘鄉墓葬出土
現藏湖南省博物館

◆細泥紅陶。直口,圓唇,口處有管狀流,與口相隔,細長頸,腹部高開襠,下設三長袋足。頸和袋足之間飾有帶狀橋形鋬手。

◆定級要素:此器形體修長,為長江中游龍山文化的典型器物,保存完好。

57 紅陶實足鬹　新石器時代·龍山文化

通高 32.4 釐米
1960 年山東濰坊姚官莊遺址出土
現藏山東省博物館

◆夾砂紅陶,手工塑製,施棕色陶衣,壓磨光滑。鳥喙形長流高高上揚,頸粗而短,圓腹平襠,錐形實足,雙股豎鋬。頸兩側有橫耳和圓餅,象徵禽鳥的雙耳和雙眼。◆陶鬹在黃河下游新石器時代大汶口文化和龍山文化中均屬典型器物,紅陶實足鬹不僅是實用的溫酒(或水)器皿,更是富有東夷文化特色的陶塑藝術品。◆定級要素:此器形象生動,個體碩大,製作精湛。

58 黑陶鳥頭形足鼎 新石器時代‧龍山文化

高 18.3 口徑 26 釐米
1960 年山東濰坊姚官莊遺址出土
現藏山東省博物館

◆胎中央細砂。器身作盆狀，輪製成型，施有黑陶衣。壓磨光滑，漆黑發亮。器底連接三個鳥頭形足，手工塑就。足呈等腰三角形，足面上鼓下凹，以附加堆紋作豎鼻，兩側有凹陷的眼眶，足下部內彎呈鳥嘴形。◆鳥頭形足鼎(曾稱"鬼臉式"足鼎)是黃河下游龍山文化典型器物，以鳥頭作為陶器上的裝飾題材，與東夷部族以禽鳥為圖騰有關。
◆定級要素：此鼎是科學發掘品，製作精細，又保存完整，是同類器物之上乘。

59 黑陶圈足豆　新石器時代‧龍山文化

高 19.2 口徑 39.2 足徑 28.8 釐米
1960 年山東濰坊姚官莊遺址出土
現藏山東省博物館

◆器由泥質黑陶所製，並施有黑陶衣，壓磨光滑，漆黑光亮，輪製弦紋清晰。大口寬沿，淺腹平底，圈足粗矮。◆器體碩大，造型渾厚規整。發掘出土後已殘破，經粘合而成。◆此器之用途當屬祭器或供器。

◆定級要素：此器為龍山文化所罕見。

60 蛋殼黑陶套杯　新石器時代‧龍山文化

高 12.7　口徑 11.3　足徑 5.5 釐米
1960 年山東濰坊姚官莊遺址出土
現藏山東省博物館

◆泥質黑陶。套杯由杯體和器座組成。杯體折沿，直壁深腹，圜底。器座呈筒形，並有多種形式的鏤孔紋飾。◆龍山文化已處於銅石並用時代的晚期，製陶技術已由泥條盤築、慢輪修冶發展到快輪成型，而蛋殼陶代表了原始社會時代製陶工藝發展的最高水平。

◆定級要素：此套杯製作精巧，胎質細膩，快輪成型，器壁薄如蛋殼，胎質烏黑光亮，形體優美，是龍山文化蛋殼黑陶的代表作。

61 蛋殼黑陶高柄杯 新石器時代·龍山文化

通高 19.5 口徑 9 足徑 4.7 釐米
1973 年山東日照兩城鎮遺址出土
現藏山東省文物考古研究所

◆泥質黑陶。敞口，寬沿，深腹，圓底，高柄。杯柄兩端為細小管狀，中部圓鼓，並裝飾細小錐刺紋。◆日照市兩城鎮遺址為山東龍山文化的重要遺址。龍山文化以蛋殼黑陶最具特點，胎薄體輕，反映出龍山文化已熟練地使用快輪製陶，在中國陶瓷工藝發展史上佔有重要地位。◆器表烏黑光亮如漆，重約七十餘克，經高溫燒製也不變形，顯示出龍山文化燒陶技藝之高超。

◆定級要素：此器胎壁極薄，造型靈巧優美，為蛋殼黑陶的佳作。

62 白陶鬶形盉 新石器時代·龍山文化

通高 31 口徑 7.7 釐米
1964 年山東濰坊姚官莊遺址出土
現藏山東省博物館

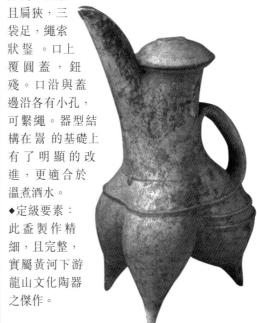

◆胎中夾細砂。器呈鬶形，圓口，平沿，口流分開，流長且扁狹，三袋足，繩索狀鋬。口上覆圓蓋，鈕殘。口沿與蓋邊沿各有小孔，可繫繩。器型結構在鬶的基礎上有了明顯的改進，更適合於溫煮酒水。

◆定級要素：此盉製作精細，且完整，實屬黃河下游龍山文化陶器之傑作。

63 灰陶三足甕 新石器時代·龍山文化

高 61 口徑 29.5 釐米
1983 年山西汾陽出土
現藏山西省考古研究所

◆夾砂灰陶。斂口，深腹微鼓，圓底，下置三個圓錐形實心足。器身裝飾籃紋。
◆定級要素：此器形體較大，器形規整，反映出龍山文化陶器燒製的水平較高。

64 朱繪蟠龍紋陶盤　新石器時代‧龍山文化

高 8.8 口徑 37 底徑 15 釐米
1980 年山西襄汾陶寺墓地出土
現藏臨汾地區文化局

◆泥質紅褐陶。敞口，斜折沿，淺腹，平底。內
壁磨光，朱彩繪有一蟠龍圖案。龍呈盤曲狀，
頭方口圓，露齒
吐舌，蛇身
飾鱗片狀
紋。外壁
飾有繩紋。

◆定級要素：此盤造型古樸，龍紋雄健威猛，應
與當時氏族、部落的圖騰有關，有重要的歷
史、藝術價值。

65 灰陶塤　　　　新石器時代‧龍山文化

高 3.1 腹徑 3 吹孔徑 0.9 調音孔徑 0.25 釐米
1960 年山東濰坊姚官莊遺址出土
現藏山東省博物館

◆泥質灰陶，手工塑製。器呈匏形，內空，中央
有一個圓形吹孔，旁有一個調音小孔。今日吹
之，仍能發出清脆響亮的樂音。
◆定級要素：此器是科學發掘品，是迄今所
知的最早樂器之一，完整無損。龍山文化創
製陶質樂器，殊為
罕見。

66 陶塑人面像　　新石器時代‧龍山文化

高 6.5 寬 5.9 厚約 1 釐米
1960 年山東濰坊姚官莊遺址出土
現藏山東省博物館

◆泥質紅陶，手
工捏塑。人
面像呈扁圓
形，額面低
窄，眉脊
隆起，眼
球鼓出，顴
骨較高，鼻
扁且低，嘴
下凹不甚明
顯。背面作成不
規則的凹面，穿有
未透孔的小鼻。◆此像形態憨厚，技法樸拙，是
黃河下游地區罕見的原始陶塑人面像，為研究
黃河流域原始人類形象提供了佐證。
◆定級要素：人面像是科學發掘品，保存完好。

67 彩陶寬帶紋杯 新石器時代·曇石山文化

高 11.3 口徑 13 釐米
1965 年福建閩侯曇石山遺址出土
現藏福建省博物館

◆泥質黃陶。直口,筒形腹,平底,矮圈足。腹部印斜方格紋,口沿下繪紅彩帶狀紋。
◆定級要素:此器造型秀雅,遺址出土,保存完好。

68 彩陶三角紋雙耳罐 新石器時代·齊家文化

高 10.2 口徑 7.7 底徑 3.7 釐米
1976 年青海大通出土
現藏青海省文物考古研究所

◆泥質橙色陶。喇叭口,高頸,鼓腹,平底。頸腹間置對稱帶狀耳,耳鏤雕有三角紋和圓點紋。頸腹交界處繪有一圈紅彩弦紋,其下繪三層倒三角紋。
◆定級要素:器表打磨光滑,器壁極薄,僅有0.15 釐米,反映出齊家文化製陶成型和燒製技藝之高,保存完好。

69 彩陶三角紋圓底雙耳罐 青銅時代·沙井文化

高 24 釐米
1982 年甘肅古浪縣古浪鎮暖泉村出土
現藏古浪縣博物館

◆夾砂紅陶。撇口,高頸,扁圓形腹,圓底,頸腹間有對稱寬帶耳。器身施紅褐彩,頸、肩及腹部飾倒三角紋和

鳥紋。◆沙井文化因 1924 年首次在甘肅民勤縣沙井村發現而命名,距今約二千六百至二千八百年,分佈於天祝、永昌、民勤及河西走廊一帶,陶質以夾砂紅褐陶為主,陶器上施有一層紅色陶衣,紋飾以三角紋、弦紋、菱格紋及鳥紋為主。
◆定級要素:此罐器型規整,紋飾精緻。為沙井文化的典型器物。

70 白陶鬹　青銅時代‧二里頭文化

高 22 釐米
1960 年河南鞏縣出土
現藏河南博物院

◆泥質白陶，白色素面。侈口帶流，短頸，寬扁
狀鋬，三大袋足。器型規整，形制奇特，做工
精細。◆二里頭文化是承襲當地龍山文化晚期發
展起來的一種文化，它的晚期又直接與商代二
里岡文化相銜接。近幾十年來，全國各地有上
百處遺址發現分屬不同年代、不同文化的陶
鬹，大部分陶鬹為史前時代遺物。鞏縣出土的
白陶鬹，造型與大汶口文化和龍山文化不同，
鋬手很有特點，造型也較優美。
◆定級要素：此器為泥質白陶，但因白陶器稀
少，雖殘破修復，仍有重要研究價值。

71 彩繪陶雲雷紋鬲　青銅時代‧夏家店下層文化

高 18.5 釐米
1977 年內蒙古敖漢旗墓葬出土
現藏中國社會科學院考古研究所

◆泥質黑陶。敞口捲沿，深腹束腰，三錐狀足。
腹部飾雲雷紋，紅與白彩相間。◆此鬲造型優
美，構圖巧妙，用筆熟練，紋飾精緻，彩繪豔
麗。此鬲的雲雷紋圖案勻稱美觀，是夏家店下
層文化常見紋飾，充分顯示出與商代青銅器圖
案花紋有密切聯繫。◆夏家店下層文化是北方地
區一種晚於紅山文化的青銅時代文化。其少部
分陶器表面施用紅、白、黃等色彩繪的各種紋
飾，大都精美。
◆定級要素：此鬲為夏家店下層文化的典型器
物，為研究北方草原地區與中原地區夏商文化
關係提供了重要實物資料。

72 彩繪陶雙腹罐　青銅時代·夏家店下層文化

高 21.2　腹徑 18.5 釐米
1974 年內蒙古敖漢旗墓葬出土
現藏遼寧省博物館

◆泥質黑陶。器呈葫蘆形,圓口,高頸,束腰,假圈足。通體用朱、黃兩色彩繪迴紋、三角紋等,並堆貼貝紋。由泥條盤築法手製而成。◆此罐為夏家店下層文化墓葬出土,為隨葬的一種特製禮器。◆此罐造型新穎別致,端莊古樸,施彩豔麗,紋飾精美,有"塔式瓶"之稱。

◆定級要素:此罐是青銅時代彩繪陶器中的珍品。

73 彩陶人形罐　青銅時代·四壩文化

高 11　口徑 5.5 釐米
1976 年甘肅玉門出土
現藏甘肅省文物工作隊

◆泥質紅陶。器輪廓似一人站立。侈口,短頸,鼓腹,雙腿雙足並立,頸腹間安有對稱寬帶耳,形似雙臂。器施黑色彩繪,頸及腹部飾菱形網格紋。

◆定級要素:此器造型新穎奇特,構思巧妙,在四壩文化陶器中較為少見,保存完好。

74 仿皮囊陶罐　　青銅時代·白金寶文化

高 14 口徑 8 底徑 7.2～7.8 釐米
1960 年黑龍江富裕墓葬出土
現藏黑龍江省博物館

◆泥質灰陶。侈口，長頸，鼓腹，假圈足。肩部
有對稱穿耳，腹部有四條附加堆紋象徵皮囊接
縫痕。◆器型具有濃郁的地方特色，便於攜帶，
反映出以農牧經濟為主的文化背景及特徵。
◆定級要素：此罐造型新穎，紋飾別致，是東北
地區白金寶文化的典型器物，是保存較早的仿
皮囊陶器。

75 硬陶迴紋雙耳甗　　青銅時代

高 12 口徑 9.6 釐米
1978 年福建閩侯黃土崙遺址墓葬出土
現藏福建省博物館

◆泥質灰
陶，胎質堅
硬。斂口，
寬沿外折，
甑腹微鼓，
甑釜相接處
無箅，下釜

折肩，圜底。甑口沿與腹部相連處設對稱帶狀
豎耳，耳上施堆塑紋。甑外壁印迴紋。
◆定級要素：此器造型規整，製作精緻，是典型
的黃土崙
類型器
物，保
存完好。

76 硬陶迴紋雙耳尊　　青銅時代

高 26 口徑 17 底徑 11 釐米
1975 年福建閩侯黃土崙遺址墓葬出土
現藏福建省博物館

◆泥質灰陶。器壁較薄，胎質堅硬。侈口，束
頸，折肩，腹微鼓，平底。肩部附對稱寬帶
耳。肩及腹部拍印迴紋。◆器型古樸，雖有明顯
的地方特點，但同黃河流域中原地區商代陶尊
卻有相似之處，為研究當時南方地區與中原地
區文化關係提供了實物資料。◆印紋硬陶燒成火
候高，陶胎已經燒結，質地堅硬，叩之有金屬
聲，吸水率低，商至春秋時較為流行，是南方
地區一種土著文化遺存。
◆定級要素：
此尊是黃土崙
印紋硬陶的
代表性
器物。

77 硬陶迴紋折肩豆　　青銅時代

高 12.2　口徑 6.7　足徑 8.5 釐米
1978 年福建閩侯黃土崙遺址墓葬出土
現藏福建省博物館

◆ 泥 質 灰 陶，胎質較硬。直口，折肩，斜腹，細高柄，足呈喇叭形。肩部附對稱寬帶耳，耳上飾堆紋，肩部陰刻雙線曲折紋，腹部拍印迴紋。◆此器具有明顯的南方閩江流域印紋硬陶的特徵，但似也受到商周中原文化的某些影響。

◆定級要素：此器造型別致，紋飾自然，製作精細，為印紋硬陶的代表作。

78 灰陶提梁鼓　　青銅時代

高 9.4　口徑 4　橫長 8.4 釐米
1978 年福建閩侯黃土崙遺址墓葬出土
現藏福建省博物館

◆泥質灰陶，胎質堅硬。鼓腹中空，兩端開口可以蒙皮。鼓上設一提梁，腹下置喇叭狀圈足。通體光素無紋。

◆定級要素：此器墓葬出土，保存完好。屬於黃土崙類型特有器形，是研究古代樂器的重要資料。

一級品・青銅時代・商

79 雷電擊人紋陶拍　　商

高 5.9　底面徑 9.2 釐米
1961 年湖北漢陽出土
現藏湖北省博物館

◆夾砂紅陶。器呈橢圓形，一面有鼻狀握手，鼻梁正中刻有一人形，作目瞪口呆狀，四肢伸展，頭頂正中刻一大箭頭，箭尾在另一面接兩個相連的雷紋。◆紋飾題材新穎獨特，構圖形象雖簡單，但通俗易懂，運用寫實手法，生動地刻劃出人遭雷擊時瞬間的痙攣表情。

◆定級要素：此器紋飾題材鮮見，保存較完好。

80 黑陶盤口鼎　　　　　　戰國

高 22.9 口徑 23.2 釐米
1979 年江西貴溪出土
現藏江西省博物館

◆泥質灰陶。盤口較大，收頸，器身呈釜形，底
置外撇的長條形高足。口沿塑一對半圓形耳。
器表打磨光滑，呈黑色。

◆定級要素：此器仿青銅器形制，造型古樸端
莊，保存完好。

81 黑陶雲雷紋提梁盉　　　　戰國

通高 19.8 口徑 7.2 釐米
1979 年江西貴溪墓葬出土
現藏江西省博物館

◆泥質灰陶。直口，短頸，扁圓
腹，下設三獸狀足。腹一側置
獸頭狀流，另一側為鋸齒
尾。肩上橫跨置半圓提梁，
上有鋸齒狀棱。附圓形平
蓋，子口，半圓形鈕。肩
和腹部塑三道凸弦紋，
其間刻劃雲雷紋和曲線
紋。器表黑皮磨光。

◆定級要素：器仿青銅器造型，做工細緻，造型
　　　　　規整。

82 硬陶方格紋帶把罐　戰國

高 11.6　口徑 8 釐米
1964 年上海金山墓葬出土
現藏上海博物館

◆泥質灰陶。斂口，鼓腹略扁，平底內凹，附有三個小乳釘足。腹部置有一寬帶狀"S"形把手。把手頂端以泥條塑獸面紋，外側印菱形方格紋，器身拍印細小方格紋。

◆定級要素：此器製作精細，紋樣精緻，明確墓葬出土。為早期印紋硬陶的代表作。

83 廩陶量　戰國

高 33　口徑 30　底徑 22.9 釐米
1951 年山東鄒縣紀王城遺址出土
現藏山東省博物館

◆泥質灰陶，輪製成型。直口，深腹，平底。腹外對裝二柄，便於使用。內底戳印一"廩"字，當是倉廩用量。經測試，可容小米兩萬毫升，其容量與齊國一釜相當。◆此廩陶量被認為是屬春秋晚期邾國量器。◆此器不論是屬春秋晚期或戰國，都是中國早期量器的實物標本。

◆定級要素：此廩陶量為研究中國度量衡制度發展史提供了可靠的實物資料。

84 始皇詔陶量　秦

高 9.2　口徑 20.5　底徑 17.7 釐米
1963 年山東鄒縣紀王城遺址出土
現藏山東省博物館

◆泥質灰陶。直口，斜直腹，平底。器外壁口沿下飾有一圈弦紋，外壁腹部陰刻秦始皇二十六年（前 221 年）詔書全文，共二十行四十字，字體為篆書，戳印而成。口沿戳印"馬"字（是"騶"字之半）。陶量內底戳印二，均為"騶"字。◆"騶"即今山東鄒城市。按始皇方升計算，此量的容量為五升，即半斗，可容小米一千毫升。

◆定級要素：此器有確切紀年及文字記載，出土地點與實物相互印證，為秦始皇在全國統一度量衡的實物例證。

85 灰陶鎧甲武士俑　　　秦

高 196 釐米
1974 年陝西臨潼秦始皇兵馬俑坑出土
現藏秦始皇陵兵馬俑博物館

◆泥質灰陶，胎質堅硬。此俑立於方形台座之上。頭頂挽髻，戴一圓帽，圓臉，雙目炯炯有神。身着戰袍，披鎧甲，雙手作執物狀，足穿方口翹頭鞋。◆此俑形體高於真人，身材魁梧，體魄健壯，通過對武士形體、面部表情的刻劃，成功地塑造出一個年輕英俊的武士形象。
◆定級要素：此俑細膩逼真，運用寫實性的雕塑手法，面型、鬚髮和服飾都精心塑造。

86 灰陶武官俑　　　秦

高 196 釐米
1974 年陝西臨潼秦始皇兵馬俑坑出土
現藏秦始皇陵兵馬俑博物館

◆泥質灰陶。俑立於長方形台之上，頭戴長冠，單捲尾。長方臉，蓄有鬍鬚，表情嚴肅。身着戰袍，披鎧甲，足蹬方口翹頭鞋，有護腿。
◆定級要素：此俑形體高大，人物形象生動。

87 灰陶跪射武士俑　秦

高 122 釐米
1974 年陝西臨潼秦始皇陵兵馬俑坑出土
現藏秦始皇陵兵馬俑博物館

◆泥製灰陶。胎質堅硬。頭挽髻，髻向右偏，紅帶束紮。頭部略向左側，雙目平視前方，嘴唇緊閉。長頸，寬肩，頸部裹有巾。上身挺直，雙手做持弓狀。右腿跪地，左腿採蹲姿，右足登地。身穿戰袍，上身披鎧甲，腿部有護腿，足蹬方口齊頭鞋。◆此塑像通過精細的塑造，以寫實的手法表現出一個秦代弓箭兵準備射擊前的狀態，有很強的藝術感染力。

◆定級要素：秦始皇陵兵馬俑出土武士俑多為立俑，跪射俑罕見。

88 彩繪陶跽坐俑 秦

高 100 釐米
1974 年陝西臨潼秦始皇陵附近出土
現藏秦始皇陵兵馬俑博物館

◆泥質灰陶，胎質堅固。此俑呈跪姿，腦後挽一高髻，圓臉，表情安詳。身穿交領長袍，寬肩寬袖，背部有彩繪，雙腿跪地，雙手放於兩膝之上。◆雕塑技法簡練，寫實性強，神態逼真，通過面部、姿態的精心塑造，刻劃出男僕俑恭順虔誠的性格，給人以強烈的藝術感染力，有較高的藝術價值。此俑多出土於馬廄坑內，是動物飼養者。

◆定級要素：跪姿俑鮮見，彌足珍貴。

89 彩繪陶鞍馬 秦

高 173 長 203 釐米
1974 年陝西臨潼秦始皇陵兵馬俑坑出土
現藏秦始皇陵兵馬俑博物館

◆泥製灰陶。胎體堅質。馬昂首站立，雙目圓睜，雙耳上聳，剪鬃。馬身較長，四腿直立於地面，尾細長，自然下垂，下端結辮。背上雕刻皮革鞍墊形狀。

◆秦始皇陵兵馬俑坑出土武士俑較多，馬俑較少。

◆定級要素：此器形制較大，工藝精緻，為秦代陶塑中的精品。

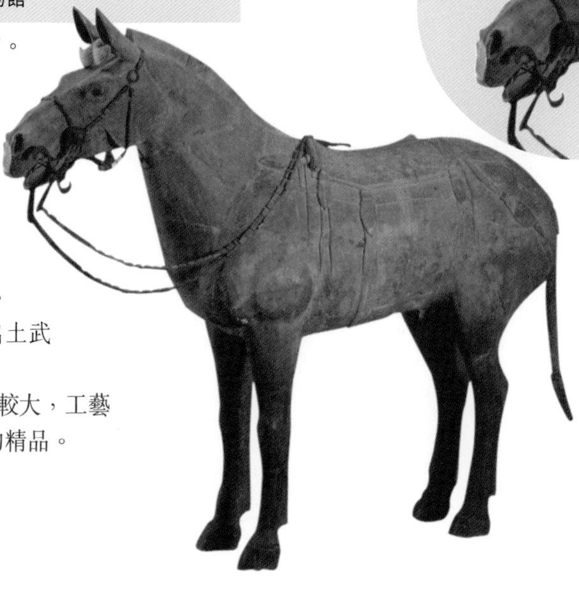

90 彩繪陶雲鳳紋方壺　西漢

通高 37.5 釐米
1972 年湖南長沙馬王堆辛追墓出土
現藏湖南省博物館

◆泥質灰陶。器呈方形，直口微敞且帶方蓋，縮頸，鼓腹。器表打磨光滑，並髹漆。蓋上繪有柿蒂紋和水波紋。器身主要紋飾為雲氣紋和鳳鳥紋。肩部繪鳳鳥、雲氣和三角紋，腹部繪有雲氣紋。

◆定級要素：此器紋飾運筆流暢，鳳鳥圖案形象生動，明確墓葬出土，保存完好。

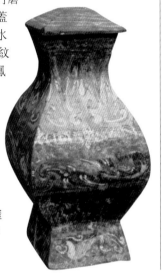

91 彩繪三角紋陶壺　西漢

通高 32　口徑 12 釐米
1975 年河南三門峽墓葬出土
現藏河南博物院

◆泥質灰陶。敞口，高頸，折肩，鼓腹，圈足。帶蓋。器用紅、黃、白三色裝飾。頸、肩、腹部彩繪三角紋和白色小圓點裝飾。

◆定級要素：此器雖墓葬出土，彩繪仍豔麗奪目。

一級品・秦・漢

92 黃釉陶鴞壺　西漢

通高 21.5　口徑 8.7　腹徑 15 釐米
內蒙古東勝出土
現藏內蒙古自治區博物館

◆蓋為鴞頭，器腹為鴞身，鴞蹲立狀。子母口，粗頸，肩部飾雙環鈕，腹下有三乳足釘。蓋上鴞頭雙耳豎立，兩目圓睜，鉤形嘴。器施黃釉。

◆定級要素：此器造型生動，渾圓飽滿，是有北方地區文化特色的陶器。

93 彩繪人物紋陶樽　西漢

高 19.5 口徑 20.2 釐米
1963 年河南洛陽墓葬出土
現藏河南博物院

◆泥質灰陶。平口，直腹，平底，三獸足。器腹部繪五位年輕女子，席地跽坐，高髻，眉清目秀，身着寬袖長衣，一人正舞袖表演，另外四人似正在伴唱，通體施紅、白、黑彩。◆此器造型規整，紋飾生動，所畫人物雖簡潔，但生動傳神，飄逸灑脫，表現出漢代特有的繪畫風格。◆定級要素：樽是漢代的典型器物，繪有人物紋者較為少見。

94 彩繪陶載壺鳥　西漢

高 52.9 釐米
1969 年山東濟南出土
現藏濟南市博物館

◆泥質灰陶。此鳥站立於長方形台座之上，作展翅欲飛狀。昂首抬頭，圓眼短喙，粗頸，雙翅平展，尾部上翹，雙腿粗壯。頸、身部繪赭色鱗狀羽紋，雙翅上各載一相同彩繪陶壺。◆定級要素：此器造型獨特，形態生動逼真，陶塑技法高超，製作精工，彩繪鮮豔，表現了漢代陶工豐富的想像力。

95 彩繪陶鴞　西漢

高 19.2 釐米
1972 年寧夏銀川出土
現藏寧夏回族自治區博物館

◆泥質黑灰陶。鴞作站立狀，頭頂正中部有一圓孔，兩耳豎立，雙圓眼凸起，高鼻梁，鈎喙，雙臂抱於胸前，尾下垂並收，矮圈足。身軀各部有淡褐色彩繪。◆陶鴞造型生動，形象可愛，陶塑技法古樸簡潔，紋飾線條流暢。
◆定級要素：此器造型稀見，但彩繪稍有剝落。

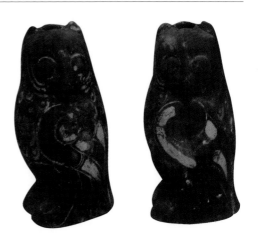

96 彩繪陶騎馬武士俑　　西漢

高 68 釐米
1965 年陝西咸陽楊家灣墓葬出土
現藏陝西歷史博物館

◆泥質灰陶。馬四腿直立於地，昂首嘶鳴，短尾上翹，全身施紅彩。馬背上騎一武士，目視前方，頭繫巾子，身穿戰袍，左手持韁，右手緊握兵器，身飾紅、白彩繪。◆陶馬高大健壯，武士俑年輕威武，造型優美洗練，表現出西漢陶塑藝術質樸雄健的風格。
◆定級要素：此器墓葬出土，彩繪保留較完好，色彩鮮豔。

97 彩繪陶鎧甲俑　　西漢

高 49.5 釐米
1965 年陝西楊家灣墓葬出土
現藏咸陽市博物館

◆泥質灰陶。俑施以紅、黑、白色彩繪。身穿黑色鎧甲，腿部紮行縢，右手前舉，左手下垂，左手有插孔。背後有方形箭囊，其上有插箭孔。◆同墓出土的立俑、騎俑共有兩千多件，皆為彩繪，對研究西漢的軍事制度和陪葬制度、漢代的雕塑和服飾等研究具有重要的價值。
◆定級要素：此俑保存完好，彩繪豔麗。

98 彩繪陶踞坐女俑　　　西漢

高 35 釐米
1966 年陝西西安墓葬出土
現藏陝西歷史博物館

◆泥質灰陶。此俑呈坐
姿，面部表情安詳和
善。身穿交領長袍，
寬袖，雙手攏於袖
中，置於胸前。體施
紅、黑彩。

◆定級要素：此俑塑造技法
簡潔，線條明快流暢，有較高的藝術水準。

99 彩繪陶熏爐　　　西漢

通高 12.5　口徑 13 釐米
1972 年湖南長沙馬王堆一號墓出土
現藏湖南省博物館

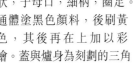

◆泥質灰陶。體形似豆，帶
圓形蓋，蓋鈕塑造為一鳥形
狀，子母口，細柄，圈足。
通體塗黑色顏料，後刷黃
色，其後再在上加以彩
繪。蓋與爐身為刻劃的三角

和方格紋，其中蓋為鏤雕，以便香氣散出。◆此
器出土時內有香料。

◆定級要素：
此器為明確
墓葬出土。

100 彩繪陶亭　　　西漢

通高 24.5　面闊 14.5 釐米
1973 年江蘇徐州墓葬出土
現藏南京博物院

◆黏土燒造。亭作正方形，頂為重簷三層，四阿
式，四面牆各開有長方形門，門外兩壁彩繪武
士紋。◆此亭所繪人物神態威嚴，栩栩如生，為

西漢彩繪陶器中的佳
作，也是研究漢代
建築珍貴的參考
資料。

◆定級要素：
此亭為墓葬
出土，雖為
隨葬明器，
但製作精
緻，彩繪鮮
豔。

101 彩繪陶三進院落　西漢

通高 66　面寬 114　進深 130 釐米
1981 年河南淮陽太昊陵出土
現藏淮陽太昊陵文物保管所

◆陶莊園由庭院和田園兩大部分組成。庭院為三
進院落。門樓兩側有向對稱的三重簷四層角
樓。中庭的主題建築為二層樓閣。殿內有六個
伎樂俑，分別作彈琴、吹竽、拍手等動作，俑
前置陶盤、耳杯等飲食器，應為主人生前宴樂
場所。中庭左側有糧倉，右後側有偏門可通後
院，偏門旁有一樓梯，可登二層廊和主體建築
的二層，在二層廊上，可憑欄鳥瞰前院。後院
為廚房、廁所、豬圈等設施。田園在庭院的左

側，有旱田、水井、灌渠和水田等。◆此座陶莊
園模型規模宏大，建築結構嚴謹，是當時地主
莊園經濟發展的真實寫照。

◆定級要素：此座陶莊園是我國最早發現的三進
四合院建築模型，是研究漢代建築重要的參考
資料。

102 紅陶武士俑　東漢

高 100 釐米
1980 年四川樂山崖墓出土
現藏樂山市崖墓博物館

◆泥質紅陶。俑頭戴高帽，身穿短衣，胸前佩環首長刀，左手提一箕，右手握長棍。◆此俑形體高大，人物塑造比例適當，神情威嚴，形象逼真，顯示出四川地區漢代製陶技藝的高水平。◆定級要素：此俑製作精工，為東漢墓葬出土。

103 彩繪陶倒立雜技俑　東漢

高 24 釐米
1970 年河南洛陽墓葬出土
現藏洛陽市文物工作隊

◆泥質灰陶。三人倒立於陶樽之上。樽直口，深腹，三足。兩男子手握樽沿，相背倒立，一腿彎曲上伸，另一腿相交呈拱形，第三人倒立於兩人相交之腿上。俑身施紅彩。◆定級要素：此組陶俑造型新穎別致，彩繪鮮豔，對研究東漢雜技藝術有重要價值。

104 綠釉陶六博俑　東漢

高 24.2　長 28　寬 19 釐米
1972 年河南靈寶墓葬出土
現藏河南博物院

◆泥質灰陶。兩人對坐於長方形台座上正在博戲。一人雙手前伸，手心向上，另一人雙手斜上舉，掌心相對。兩人中間置放一方形盤，盤半邊放長條形箸六枚，半邊放一小方盤，即博局，在博局兩端各有六枚方形棋子，博局中間有兩個圓形的筊。通體施綠釉。◆博戲是漢代盛行的一種娛樂活動，現已失傳。◆此器造型生動，人物形象逼真，具有時代特徵。

◆定級要素：此組陶俑中的博局、箸、棋、筊俱全，保存完好，且與文獻記載漢代博戲基本相符，較為罕見，也反映出漢代陶塑題材之廣泛。

105 灰陶説唱俑　　東漢

高 66.5 釐米
1963 年四川郫縣墓葬出土
現藏四川省博物館

◆泥質灰陶。頭戴旋鈕軟帽，雙目微
眯，舌頭外吐，聳肩縮頸。右手執
鼓槌，左手持鼓，正欲敲擊。挺
胸凸腹，臀部後翹，雙腿微曲，
右腿前伸，左腿靠後，用以支撑身
體。
◆定級要素：雕像刻劃出説唱人瞬
間的神態，形象逼真，栩栩如生，
為漢代陶塑的佳作，十分少見。

106 灰陶聽琴俑　　東漢

高 55　寬 30 釐米
四川漢墓出土
現藏故宮博物院

◆泥質灰陶。俑
為跪姿。頭梳
高髻，雙目平
視，面帶笑
意。上身內穿
中衣，外罩襌
衣。右手下
垂，置於右腿
上，左手撫耳後
部。塑像安靜恬淡，
似已陶醉在美妙的琴聲裏。
◆定級要素：聽琴俑常與撫琴俑伴出，人物刻劃
形象生動，為漢俑的代表作。

107 彩繪陶燈　　東漢

高 92　座徑 40 釐米
1972 年河南洛陽墓葬出土
現藏洛陽市文物工作隊

◆燈由座、盤、柱、盞組成。底座呈倒鉢形，上堆塑各類人物和多種動物。座上為燈盤，盤口沿八個圓孔內交替插入四柱燈盞和四枝羽人龍形飾。盤中心有一圓孔，燈柱插入燈盤內，燈柱上插有兩層羽人曲枝燈盞，燈柱頂端平塑一朱雀形燈盞，雀口含圓珠。陶燈共計十三盞。

通體施紅、黑等彩繪。◆陶燈雕塑精美，造型新穎別致，高低錯落有致，製作精細，反映出東漢時期陶塑工藝之精湛。
◆定級要素：此器既是研究漢代道家思想和文化的重要資料，也是不可多得的陶塑精品。

108 釉陶三羊盒　　東漢

通高 22　口徑 22　足徑 16.4 釐米
1955 年廣西貴縣出土
現藏廣西壯族自治區博物館

◆泥質陶。盒呈扁球形，蓋頂堆塑三羊。通體刻劃羽毛紋、菱形紋、劃齒紋等，外罩以薄釉，胎質堅硬。◆此器造型渾圓飽滿，採用堆塑、刻劃的裝飾技法，紋飾仿同期青銅器的圖案，具有鮮明的地域特徵。

◆定級要素：此器佈局繁縟，刻劃精美。為漢代陶器中的上乘之作。

109 陶船　東漢

高 16　長 54　寬 15.5 釐米
1955 年廣東廣州墓葬出土
現藏中國國家博物館

◆泥質灰白陶。船身中間寬，首尾狹。船上分三個倉室，倉頂刻斜方格紋。船頭有碇，船尾有舵，船上有六人，分立於各部位正在操作，甲板上放置六組矛和盾。

◆定級要素：此船製作精緻，為當時內河武裝的航船模型，也是中國較早的船模型。為研究東漢時期南方造船技術、船隻設施使用和陶塑技藝的重要資料，頗具歷史價值。

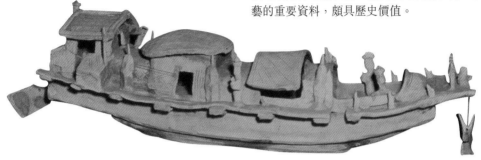

一級品・漢

110 灰陶塔式樓　東漢

通高 105　面闊 25　進深 23 釐米
1980 年河南洛寧墓葬出土
現藏洛陽市文物工作隊

◆泥質灰陶。樓為塔式，共分五層。平面為方形，底層正面連接一重院落，五層彼此可分開。每層上部皆有類似筒瓦結構的坡形簷，簷下無柱，第一層和第五層四簷角以斜柱支撐，第二層和第三層設有一斗三升仿木結構斗拱，第四層為一斗二升拱支撐。院落內並排立有三人。一層的兩扇門上刻劃龍行圖案，內盤座一人。二層開兩門，內有陶塑吹奏俑。三、四、五層皆為一門，其中五層門兩側刻劃卷雲紋。樓頂為四阿式。

◆定級要素：陶樓造型別致，刻劃精細，為研究東漢斗拱木結構式高層建築提供了珍貴的資料。

111 綠釉陶重簷三層樓　東漢

通高 144　面闊 43　進深 47 釐米
1954 年河南淮陽出土
現藏河南博物院

◆此樓是三層四阿式方形建築。前為走廊，後為藏室，門前有"八"字形梯道，並立一守門人，下有四個長衣寬袖俑。陶樓的二、三層在腰簷上立方柱支撐平座，平座中央置有臥榻，四角用裸體人形柱。陶樓各層均施雲形雀替和變形斗拱。通體施綠釉。

◆定級要素：此樓形制高大，結構精巧，反映出漢代高超的製陶水平。

112 彩繪陶四層倉樓　　東漢

通高 134　面闊 52.5　進深 22 釐米
1972 年河南焦作墓葬出土
現藏河南博物院

◆前有院落，後為四層主樓，可拆卸。樓前院落呈長方形，中部開方形大門，門外有一臥姿陶狗，門口有一背袋人，一足抬起，正欲進門。一層橫向排列四個方形開窗，二層為兩個橫長方形開窗，三層為兩個豎長方形開窗，其上有簷，簷角處斜置橫木以承托斗拱，四層開一個正方形窗，內有坐姿一人，頭戴平幘，似為主人。樓頂覆蓋四阿式頂。倉樓施有紅、藍、黃彩。

◆定級要素：此樓形制較大，造型別致，是研究漢代建築的珍貴資料。

113 綠釉陶四層樓院　　東漢

通高 117　面寬 35　進深 40 釐米
1959 年陝西潼關楊震墓出土
現藏陝西歷史博物館

◆四層樓由下向上逐漸縮小。一層外圍以完整的院落，前為懸山頂房子。樓一層前不出簷，用陰刻線以示門形。後面也不出簷，而以鏤雕出十字形花窗；兩山牆上各有方形窗口一個。二層樓以上正面簷下兩角有斗拱一個，作螭形。三、四層樓設平台，正面有方形菱紋格子窗，山牆上有長方形窗口，窗內塑一人，手扶窗向外望。通體施綠釉。

◆定級要素：此器形制高大，是研究漢代高層樓閣建築的寶貴資料。

114 綠釉陶水亭　　東漢

通高 54.5 釐米
1951 年陝西西安出土
現藏中國國家博物館

◆泥質陶。亭分兩層，置於圓形水池內，四阿式頂，通體施綠釉。頂的脊端與簷角均塑有禽鳥。上層四角各有一張弓控弩的武士，亭中心處有三人，一人起舞，一人撫琴，一人伴唱。下層有樓梯。水池周圍雕塑有人、馬、鵝等形象。◆水亭是漢代貴族地主莊園的保護設施。

◆定級要素：此器形制別致，保存完好。

115 陶城堡　　東漢

通高 32.2　面寬 40　進深 47 釐米
1956 年廣東廣州墓葬出土
現藏廣州博物館

◆泥質陶。城堡呈
立方體形狀，四周
築有高牆，牆上鏤
孔菱格式窗。上有
四阿頂式門樓，四
周設角樓。前後大門
各有文吏和一武士守
衛。城堡內有長方形
房屋兩幢，其中一是
二層閣樓，設有樓梯，左側
有一廁所。屋內塑有數人，有的
端坐，有的為跪姿，刻劃精細，神態
各異。

◆定級要素：此城堡具有濃厚
的南方地域風格，是研
究東漢建築藝術的
重要資料。

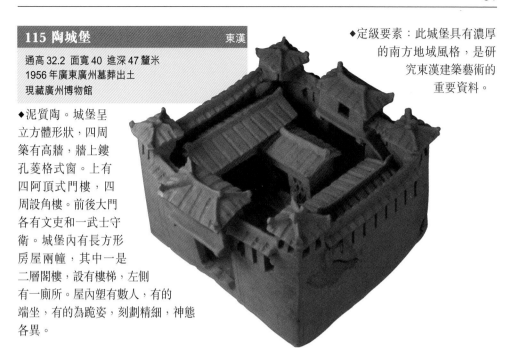

一級品・漢

116 釉陶五層樓院　　東漢

高 105　面闊 61.7　進深 54.5 釐米
1969 年甘肅武威雷台墓葬出土
現藏甘肅省博物館

◆泥質陶。長方形院落，正面開門，四周有院
牆。院牆內左、中、右三面各設複牆，院牆四
隅上各建有二層角樓。院落中建有五層樓，每
層四面出簷，正面開窗。通體施黃綠釉。
◆定級要素：此組樓院造型獨特典雅，佈局錯落
有致，建築宏偉，製作精細，反映出當時高超
的建築水平，是研究漢代西北地區建築
風格的重要資料。

117 歇山頂陶房　　東漢

高 56.6　面闊 67.5　進深 42.5 釐米
1957 年四川雙流墓葬出土
現藏四川省博物館

◆泥質灰陶。此屋是一大廳，建於座基之上。大廳頂為歇山式，簷為兩層相疊。大廳左右用兩立柱支撐，立柱上各掛一盾牌。中間較靠後位置還有一方形立柱，前方有台階，可由此台階從左右進入大廳內，廳左右各設一小門。三柱頂端皆有櫨斗，梢柱櫨斗上置拱，拱上有三散斗，面上為枋，兩側設撐。

◆定級要素：此陶房是中國較早的歇山式建築模型，十分珍貴。

118 陶佛像插座　　東漢

高 21.3　孔徑 9　底徑 19.3 釐米
1942 年四川彭山墓葬出土
現藏南京博物院

◆泥質灰陶。插座上部呈圓柱狀，下部為礎，中空。通體浮雕紋飾。圓柱表面凸雕一佛和二脅侍。佛為半身，肉髻，面部慈祥，身披袈裟。二脅侍作站立狀，分立於佛的兩旁。礎表浮雕為一虎一龍，龍虎相向共銜一璧。

◆定級要素：此器造型新穎，浮雕精美，是目前所發現較早的佛教圖像，為研究中國佛教的起源和佛教文化提供了實物資料。

119 陶蛙形插座　　東漢

高 39.5 釐米
1942 年四川彭山墓葬出土
現藏南京博物院

◆泥質灰陶。器形為蛙首人身，雙目圓睜，袒胸露腹，背部置一圓柱形插孔。◆東漢墓葬出土，為隨葬明器。

◆定級要素：此器造型新穎別致，蛙紋神態生動，體魄健壯，反映出漢代陶塑技藝之高。

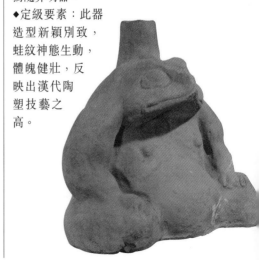

120 陶搖錢樹插座　　　東漢

高 60　底徑 39～49.1釐米
1942 年四川彭山墓葬出土
現藏南京博物院

◆泥質紅陶。橢圓形底座，沿底座浮雕有相向的
龍虎，共銜一圓錢，龍虎上方為一株長滿銅錢
的搖錢樹，樹下有三人正在撿拾落下的銅錢。
再上雕有一隻神態威猛，低首嘶吼的麒麟，背
上負一安靜祥和的山羊，羊背馱有插座，插座
上還雕有仙人童子圖。◆整件雕塑紋飾繁縟，器
形優美，線條流暢柔和，形象生動。

◆定級要素：此件插座表現了漢代崇信巫術，祈
求幸福的時尚，具有很高的藝術水平。

一級品・漢

121 釉陶臥狗　　　東漢

高 44.4　長 52.2釐米
河南南陽出土
現藏河南博物院

◆泥質陶。狗體較瘦長，長頸，
短尾。平臥地上，長頸挺直，頭
向左偏，右耳半垂，左耳豎起，
雙目瞪視，張口吠叫。通體施紅褐
色釉。
◆定級要素：此狗形象逼真，淋漓盡
致地表現出狗的機警神態，形制較
大。

122 彩繪陶屋　　　　三國·蜀

高 45　面闊 56　進深 12 釐米
1981 年四川忠縣墓葬出土
現藏四川省文物管理委員會

◆陶屋廡殿頂，正脊和戧脊微上翹，脊端有瓦
當。柱下置欄板，由尋杖、蜀柱、臥橫、方格
組成。簷額上繪紅色垂幛，斗拱和欄板上繪紅
色及綠色斜方格。欄板上和欄板內，有撫琴、
聽琴和嬉戲的男女及兒童。
◆定級要素：陶屋造型別致，充分反映了蜀漢建
築的特點，保存完好。

---

123 灰陶女俑　　　南朝

高 37.5 釐米
1960 年江蘇南京墓葬出土
現藏南京博物院

◆俑頭梳高髻，兩鬢
髮向上梳起呈片狀。
面帶微笑，和藹溫
恭。身着右衽寬袖
長袍，內穿圓領內
衣。袍下微露足
尖。雙手疊於腹前。
◆從服飾和髮型上
看，應為東晉晚期
的貴婦形象。
◆定級要素：此俑
刻劃生動，栩栩如
生，保存完好。

124 灰陶牛車　　　南朝

車高 21.5　長 40 釐米
1958 年江蘇南京郊區砂石山墓葬出土
現藏南京博物院

◆泥質灰陶。車廂為方形，正面敞開，棚頂式車
蓋。雙轅，前端有橫軛，置於牛頸，輻條式車
輪。牛雙犄，雙目平視前方，四腿粗壯。◆牛車
佈局合理，車是按實用牛車製作，做工精細，
寫實性強，反映出南朝陶塑工藝之高超。
◆定級要素：此器形體較大，墓葬出土，造型具
有典型南方風格，為研究南朝時期交通工具和
陶塑工藝的實物資料。

125 彩繪陶馬及牽馬俑　北魏

俑高 19.5　馬高 19.5　長 30 釐米
1975 年內蒙古呼和浩特北魏早期鮮卑墓葬出土
現藏內蒙古自治區博物館

◆泥質灰陶。馬低頭站立，粗
頸繫鈴，披甲備鞍，四腿粗
壯。牽馬俑頭戴風帽，五官
端莊，長衫束帶，足穿長
靴，雙手作持韁狀。馬和
俑塗白粉，施紅彩。◆此俑
造型生動，彩繪鮮豔，工藝高
超，具有鮮明的地域特色。

◆定級要素：此俑成組出土較為少見，是研究北
魏時期北方少數民族服飾文化及陶塑藝術不可
多得的實物資料。

126 褐綠釉陶罐　東魏

高 21.8　口徑 11.2　底徑 11 釐米
1973 年河北景縣高雅墓出土
現藏河北省博物館

◆泥質陶。口微侈，沿外捲，直頸，豐肩，鼓
腹，下漸收成平底。器通體施褐釉，釉色泛
黃。
◆定級要素：此罐造型古樸，渾厚敦實，墓葬出
土，保存完好，為北朝時期陶器的代表作。

127 陶執盾武士俑　東魏

高 56 釐米
1974 年河北磁縣東陳村出土
現藏河北省磁縣博物館

◆頭戴兜鍪，中脊起棱，
前有衝角，兩側有耳
護。身披明光鎧甲，胸
背各有兩片橢圓形的
護。腰束帶，肩有披
膊，腿纏甲裙。右手
作握物狀，左手按獅
面長盾。
◆定級要素：此俑形
制高大，形象威武，
反映了魏晉時期陶塑
水平，十分罕見。

128 彩繪陶騎馬俑　　　北周

高 17.6 釐米
1983年寧夏固原北周天和四年（569年）李賢夫婦墓
出土
現藏固原博物館

◆泥質灰陶。馬披白色具裝，直立於地。鞍上坐
一武士，身穿鎧甲，左手持韁，右手持物。通
體施紅、白、黑彩，彩繪鮮豔。◆人物表情威
嚴，製作精工，技法簡練，馬及人物裝束與中
原地區不同，反映出北方少數民族所獨具的風
格特徵，是研究當時軍事、服飾和陶塑的重要
資料。

◆定級要素：此俑為紀年墓出土物，較完整少
見。

129 彩繪陶彈琵琶女俑　　　隋

高 18 釐米
1959 年河南安陽張盛墓出土
現藏河南博物院

◆泥質灰陶。俑頭梳平髻，後插梳，身穿長裙，
跪坐，雙手抱一五弦曲頸琵琶，左手持器，右
手彈奏。用綠、紅、黑諸彩裝飾。◆俑形象應為
伎樂人，同時出土有彈箜篌、吹觱篥、吹笛、
拍鈸諸俑合奏，當時
在樂隊中已經出現
了坐部伎，對研究
古代音樂史和樂器
發展是重要的參
考資料。

◆定級要素：此
俑為墓葬出土，
保存完好。

130 彩繪陶彈箜篌女俑　　　隋

高 18 釐米
1959 年河南安陽張盛墓出土
現藏河南博物院

◆泥質灰陶。頭梳平髻，腦後插梳，外罩長裙垂
地，跪坐於地。面帶微笑，神態恭順，懷抱箜
篌，雙手撥弦。施以紅、綠兩彩裝飾。◆同墓出
土奏樂女俑六人組，是研究古代音樂和樂器重
要的參考資料。

◆定級要素：此俑
為墓葬出土，保
存完好，較為珍
貴。

131 彩繪陶胡人俑　　隋

高 27 釐米
1959 年河南安陽張盛墓出土
現藏河南博物院

◆俑頭髮捲曲，絡腮
鬍鬚，雙目圓睜。
身穿翻領長袍，腰
繫皮帶，足穿長
靴。施以黃、黑等
色繪飾。◆俑神態逼
真，形象生動，反映
了當時唐朝與西域的交
流。

◆定級要素：隋唐時期，陶俑隨葬較多，但胡俑
較為少見。

132 三彩陶塔形罐　　唐

高 69.5 口徑 11.3 座徑 26.8 釐米
1959 年陝西西安墓葬出土
現藏陝西歷史博物館

◆器由罐蓋、罐身、蓮瓣和底座組成。蓋作七層
塔形，罐為直口捲唇，短頸，圓腹，圈足。腹
部浮雕三象頭和三怪獸。器中部為三層蓮花瓣
形，下部為倒置喇叭形底座。通體施黃、綠、
褐、藍等彩釉。◆器型高大端莊，造型新穎別
致，構思巧妙，匠心獨具，反映出陶塑匠師的
聰明才智。

◆定級要素：此罐施三
彩鮮豔華麗，並採用
堆塑、雕刻等技
法，是三彩器
中的藝術精
品。

133 三彩陶菱形紋罐　　　唐

高 28.5　口徑 12.8　底徑 12 釐米
1965 年河南洛陽出土
現藏洛陽市文物工作隊

◆此蓋罐腹部主題紋飾為褐色菱形紋，每一菱形內用白色圓圈紋圍成邊框，內繪藍地或綠地黃、白小花紋。彩釉施不到底。胎呈白色，釉彩斑駁豔麗。

◆定級要素：此罐器型古樸規整，飽滿渾圓。保存完整，為河南鞏縣窰產品。

134 三彩陶寬條紋罐　　　唐

通高 24.5　口徑 11　足徑 14 釐米
1965 年河南洛陽墓葬出土
現藏洛陽市文物工作隊

◆胎呈白色。斂口，豐肩，鼓腹，矮圈足。配圓形蓋，上有寶珠形鈕。器身施綠釉為地，上飾黃褐色的圓點和寬帶紋。

◆定級要素：此器造型豐滿，彩釉搭配和諧，保存完好。

135 三彩陶鳳頭壺　　　唐

高 32　口徑 3.8～5　底徑 8.9～9.7 釐米
河南洛陽墓葬出土
現藏洛陽市文物工作隊

◆胎呈白色。橢圓形口，口下部作鳳頭狀，細頸，橢圓形扁腹，平底，頸腹間安有環形把柄。腹部兩側以綠釉為地，浮雕三彩圖案，一側為立鳳紋，另一側為騎馬狩獵紋。通體施黃、綠等三彩色釉。

◆唐皇室視狩獵活動為人生三大樂事之一，壺上紋飾生動地再現了他們逐獸山林，狩獵苑中的場面。◆此器為仿波斯金銀器的造型，器型新穎別致，製作工整，彩釉自然垂流，色彩鮮豔。

◆定級要素：此壺為研究唐代皇室狩獵生活提供了可靠資料，反映了唐代中外之間的文化交流，為三彩陶中的典型器物。歷史、藝術價值極高。

136 三彩陶雙魚形壺　唐

高 24.5　口徑 4.1　足徑 10.4 釐米
山東益都出土
現藏山東省博物館

◆胎呈白色。壺呈
雙魚形。圓口，
橢圓形腹，高
圈足，帶
蓋，方鈕。
壺口為雙魚
唇，頸肩雕
刻出魚腮、魚
眼，壺腹即魚
腹，中部刻劃鱗
紋，壺腹兩側有凸起

的魚脊，為斜刻線紋，雙脊中間呈凹槽，上端
有橫貫耳，直通圈足上的圓孔，可繫繩索。通
體施黃、綠色彩釉。◆器型新穎別致，構思巧
妙，形象生動，釉彩鮮豔亮麗。◆唐代三彩器物
中，以動物形象作為壺形較多見，如鴛鴦、鸚
鵡、鴨等動物形壺，此器即為其中一例。

　　　　◆定級要素：器物完
　　　　整，製作精緻，是珍
　　　　貴的陶塑藝術品。

137 三彩陶龍首壺　唐

高 26.9 釐米
現藏上海博物館

◆小口，短粗頸，溜
肩，鼓腹，平底。
肩部一側置龍首形
流，其下貼塑獸
頭。另一側為龍
形把手。腹部兩
側各堆塑人物形
象和團花花紋。
器身施以綠釉及黃
釉。

◆定級要素：此壺造型
別致，堆塑紋樣精美，彩
釉明豔，十分罕見。

一級品・唐

138 三彩陶獸頭壺　　　唐

高 28　口徑 4.2　底徑 9 釐米
1981 年河南洛陽出土
現藏洛陽市文物工作隊

◆侈口，細長頸，溜肩，鼓腹，平底，假圈足。口下塑獸頭，與肩上的蓮花形環柄相接成把手。器施綠釉為地，上施棕褐色及白色彩飾。◆此壺的造型和裝飾仿自波斯銅壺，異域風格濃厚，反映了唐代時期的對外交流。

◆定級要素：此壺製作精工，保存完好。

139 三彩陶鳳頭壺　　　唐

高 30　口徑 3～4 釐米
陝西西安出土
現藏西安市文物管理處

◆侈口，長頸，溜肩，橢圓形腹，喇叭形高足。一側置如意形把手。口下塑一鳳首，口銜寶珠，腹部浮雕忍冬花和海石榴，海石榴上單足立一鳳鳥，雙翅伸展，似欲飛翔。壺身施赭、綠、藍、白等色釉。

◆定級要素：此壺釉面色澤光亮，紋飾精美，為三彩陶中的珍品。

140 三彩陶鸚鵡壺　　　唐

通高 19.5　座徑 8.9 釐米
1960 年內蒙古和林格爾墓葬出土
現藏內蒙古自治區博物館

◆造型為鸚鵡形狀，站在喇叭形底座上，背部設注口和提梁，嘴為流，腹內中空，用以盛裝。壺身施以黃、綠色釉。◆此器設計巧妙，造型別致，既可實用，又是一件精美的藝術品。

◆定級要素：此壺彩釉鮮麗，墓葬出土，保存完好。

141 三彩陶象首杯　　唐

高 6.9 釐米
1957 年陝西西安墓葬出土
現藏陝西歷史博物館

◆胎呈白色。象
首形，杯口呈不
規則狀，口沿下
淺浮雕花草紋。
上翹象鼻作成杯
把，並飾以枝葉等
紋，杯身雕出象首、
象眼、象耳和象嘴
等，通體施綠、黃、白
和赭等三彩色釉。◆此
器形象逼真，小巧玲瓏，

做工精細，雕刻技法嫻熟。
◆定級要素：此器以獸首作
為器物造型在三彩器中極為
少見。象首杯是仿西亞獸首
杯而製成，為研究中外文化
交流提供了實物資料。

142 三彩陶碗　　唐

高 7.8　口徑 17.4 釐米
1960 年陝西乾縣唐神龍二年 (706年) 永泰公主墓出土
現藏陝西歷史博物館

◆白胎。敞口，弧壁，腹中部有凸棱一道，圈
足。內外壁均以米黃色釉為地，外壁施黃、綠
釉細條紋，內壁施綠色寬垂條紋和褐色細條
紋。◆此器造型優美，釉彩鮮麗，晶瑩潤澤，形
成彩色斑斕的裝飾效果，顯示出三彩花釉之
美，是三彩器中之佳作。
◆定級要素：此類三彩釉紋飾的碗出土較少，且
出土於紀年墓葬，為唐三彩斷代研究的標準器
物。

143 三彩陶飛雁紋盤　　唐

高 6.5　口徑 28 釐米
1975 年河南洛陽墓葬出土
現藏洛陽市文物工作隊

◆敞口，寬平沿，圓唇，淺腹，平底，下設三個
馬蹄足。盤內底中心以綠色釉為地，上繪彩色
飛雁及彩雲，外壁施黃釉。

◆定級要素：此盤為唐三彩的典型器物，造型規
整，紋飾精緻，簡潔明快，彩釉和諧豔麗。

144 三彩陶文吏俑   唐

高 112 釐米
1981 年河南洛陽安菩墓出土
現藏洛陽市文物工作隊

◆胎呈白色。此俑恭立於方座上。頭戴黑色梁冠，長方大臉，五官端正，面帶微笑。身着白色長襦衣，外套綠色寬袖短袍，袖飾寬邊黃、白花斑。足登翹頭靴，雙手執牙笏拱於胸前。◆形體高大，形象端莊，神情拘謹，成功地塑造出文職官員矜持謹慎而又溫順虔誠的藝術形象，為研究唐代人物雕塑藝術及官吏服飾提供了形象資料。◆此俑出自唐景龍三年（709年）安國大將軍安菩夫婦墓，較為完整。

◆定級要素：此俑之三彩釉色鮮豔純正，服飾豔麗，墨繪眉、眼、鬍鬚並塗抹朱唇，使面目更加生動傳神，栩栩如生，為唐三彩人俑中之精品。

145 三彩陶鶡冠文吏俑   唐

高 107 釐米
河南洛陽墓葬出土
現藏河南省洛陽博物館

◆俑頭戴高冠，其上有一鶡，面部稍胖，濃眉大眼，寬鼻闊口。身穿翻領寬袖長袍，外披護胸，護胸和袖口為墨綠白花紋。下穿白色長裙拖地。露出鞋尖。雙手拱於胸前，立於一橢圓座上。

◆定級要素：此俑形制高大，色彩鮮麗，人物刻劃生動，為唐代典型的文吏形象。

146 三彩陶武士俑   唐

高 88 釐米
河南洛陽出土
現藏河南博物院

◆俑頭戴盔，雙目圓睜，寬鼻闊口，上身穿鎧甲，雙護胸及護心，戴項護，肩上置覆膊。下穿小口褲，足蹬尖頭皮靴。立於方座之上。施以黃、綠、白色彩釉。

◆定級要素：此俑形象威武雄偉，刻劃生動，彩釉鮮麗，為三彩陶塑中的精品。

147 三彩陶女立俑　　唐

高 44.5 釐米
1959 年陝西西安墓葬出土
現藏陝西歷史博物館

◆胎呈白色。女俑直立於方形座上。頭微向右傾。垂髻，面頰豐滿，眉清目秀，五官端正，身着長裙，右肩斜披一長巾，右手微向前伸，左臂彎曲上舉，足蹬翹頭鞋。通體施綠、黃、淺黃等彩釉。◆此俑形態逼真，姿容豐腴，體態雍容，衣着華麗，神情優雅，三彩鮮豔，成功地塑造了一位盛唐貴族婦女的形象，反映出唐代人物俑陶塑技藝之高超。

◆定級要素：此俑為墓葬出土，人物形體及表情刻劃得十分成功，是唐三彩器中之精品。

148 三彩陶女立俑　　唐

高 42 釐米
1956 年陝西西安墓葬出土
現藏陝西省博物館

◆俑頭向左上方仰望，鬟髮垂髻，面部豐腴，長眉細目，嘴小鼻挺。上身穿圓領對襟短衫，右肩披藍色巾。下身穿黃色曳地長裙，裙角處露出翹頭鞋尖。雙手攏在袖中，置於胸前。◆此俑立於方座之上，姿態雍容，體形豐滿，是唐時貴婦的形象。

◆定級要素：此俑人物刻劃生動，姿態優美典雅，彩釉明亮，對研究唐代服飾、風俗是重要的參考資料。

149 三彩陶女坐俑　　唐

高 27 釐米
1964 年河南洛陽墓葬出土
現藏洛陽市文物工作隊

◆俑鬟髮垂髻，面部豐腴。上身穿黃色長袖襦衣，外套綠色端袖長裙。肩上披白色披肩，繫綠色帶，垂於胸前。坐於黃色束腰圓墩之上，雙手放在左膝之上。

◆定級要素：此俑神態祥和，姿態優美端莊。三彩坐俑較為少見。

150 三彩陶女侍俑　　唐

高 38 釐米
1965 年河南洛陽墓葬出土
現藏洛陽市博物館

◆俑頭上梳束腰雙髻，面部豐潤，唇塗朱彩。上身穿白色袒胸襦衣，肩上披綠色披肩，下穿長裙。黃彩為地，上繪藍色寬條紋和白點花，裙角處露出雲頭鞋鞋尖。雙手置於胸前，隱在披肩後面，立於方形板上。

◆定級要素：此器體形修長，姿態嫻雅。

151 彩繪陶黃衣胡俑　　唐

高 24 釐米
1972 年陝西禮泉縣張士貴墓出土
現藏陝西歷史博物館

◆頭戴軟折沿帽，高鼻深目，面帶微笑，上唇一撇鬍鬚，身穿翻領長袍，內穿紅色內衣，纏束腰，衣袖口和褲腿束起，腳穿黑靴，立於方座之上。

◆定級要素：此俑較為少見，明確紀年墓出土。

152 三彩陶馬夫俑　　唐

高 10.8 釐米
1960 年陝西乾縣永泰公主墓出土
現藏陝西歷史博物館

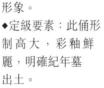

◆體形較矮小，面
帶微笑，頭梳
辮，身穿綠
色翻領長
衫，窄袖，
應為胡服式
樣，袒胸露
腹。下穿緊腿
褲，足蹬尖頭
靴，雙腿叉開立
於方座之上。左手叉
腰，右手彎曲前伸，作持韁狀。俑身施赭、綠
彩釉。
◆定級要素：此俑形制較小，製作精美，人物刻
劃生動。

153 三彩陶胡人馬夫俑　　唐

高 67 釐米
1981 年河南洛陽安菩墓出土
現藏洛陽市文物工作隊

◆頭戴尖頂帽，深目高
鼻，目視前方，身穿
黃色翻領長衫，腰間
繫黃色布囊，足蹬棕
色尖頭長靴。雙腿叉
開立於方座上。右手
彎曲前舉，左手貼於腹
前，作牽馬狀。依俑面部
特徵看，為西域胡人
形象。
◆定級要素：此俑形
制高大，彩釉鮮
麗，明確紀年墓
出土。

一
級
品
·
唐

154 三彩陶馬及牽馬俑　　唐

馬高72　人高62釐米
1931年河南洛陽出土
現藏河南博物院

◆胎呈白色。馬立於長方形踏板上，低首，披鬃縛尾，轡飾、鞍韉俱全。牽馬俑立於方形座上，胡人形象，頭戴氈帽，深眼高鼻，身穿長袍，腰繫行囊，雙臂置於胸前，作握韁牽馬狀。馬施綠、黃、白等釉彩，人施醬紫色釉。◆唐朝是當時世界上最發達的國家，許多胡人、波斯人、大食人等來到長安，進行貿易或文化交流，此俑正是這種情景的反映。

◆定級要素：此俑的胡人形象生動傳神，馬具馬飾刻劃逼真，具有很強的寫實性，反映出唐代陶塑藝術之高超。

155 三彩陶駱駝及牽駝俑　　唐

駝高84　人高62釐米
1962年河南洛陽墓葬出土
現藏河南博物院

◆胎呈白色。駱駝昂首朝天立於菱形踏板上，作張口嘶鳴狀。背部雙峯高聳，披花毯。牽駝俑頭戴襆頭，深目高鼻，身着長袍，腰繫行囊，雙臂前曲於胸前，手作執韁牽駝狀。駱駝和人施黃褐、綠、白等三彩釉。三彩鮮豔，釉色自然垂流，色彩斑斕。◆此器形體高大，顯示了唐代陶器成型和製作工藝達到了很高的水平，生動而成功地再現了西域胡人牽駝經絲綢之路來唐朝經商的情景。對研究當時中外文化交流提供了重要資料。

◆定級要素：此器形象逼真，製作精湛，釉色精美，墓葬成套出土。

156 彩繪陶捲髮俑　唐

高 30 釐米
1971 年陝西禮泉鄭仁泰墓出土
現藏陝西歷史博物館

◆白胎。此俑赤足站立於長方形座上，滿頭黑色捲髮，濃眉大眼，闊鼻朱唇，頸帶項圈，上身赤裸，斜披一條紅巾，下身穿紅色短褲，雙腿粗壯。通體施紅、黑等釉彩，彩繪鮮豔。◆此俑姿態自然有力，似南亞雜技人像，造型生動逼真，製作精工，為研究唐代中外文化交流及陶塑工藝的實物資料。
◆定級要素：此俑造型鮮見，惜雙手殘失。

157 彩繪泥塑騎馬武士俑　唐

高 36.2 釐米
1972 年新疆吐魯番出土
現藏新疆維吾爾自治區博物館

◆馬四肢直立，昂首披鬃，身上佈滿斑點紋，馬背上置虎皮鞍具，鞍上坐一武士，面部飽滿圓潤，表情肅穆，身穿格形盔甲，腰部掛有兵器，左手持韁，右手持一杆紅綢旗。◆此騎馬俑木條支架，黃泥成型，其上有黃、黑、紅等彩繪。泥製俑類在中原地區罕見，有鮮明的地方色彩，西域地區氣候乾燥，有保存泥俑的條件。◆此俑造型生動，形象逼真，彩繪豔麗，雕塑技法嫻熟，人物具有個性，形神兼備，充分表現出西域武士的威嚴。
◆定級要素：此俑為研究唐代西域軍隊服飾、兵器、泥塑藝術的重要資料。

158 彩繪泥塑打馬球俑　　唐

高 37 釐米
1972 年新疆吐魯番出土
現藏新疆維吾爾自治區博物館

◆馬昂首，四蹄騰空呈飛奔狀。花馬鞍上坐一俑，頭帶襆頭，面部神情喜慶活潑，身穿長袍，足着尖頭靴，左手握拳，右手高舉杖桿，雙目下視緊盯馬球，作欲擊球狀。黃泥製成，通體施白、紫、黑、紅等彩。◆此打馬球俑造型生動，形象逼真，運用寫實的藝術手法，捕捉最精彩的一瞬間，生動地反映出唐代少數民族貴族打馬球的生活場景。◆馬球是唐代貴族流行的一種體育運動，從波斯（今伊朗）傳入，西安唐墓出土有打馬球俑羣及壁畫，歷經唐、宋、元各代，一直流行。

◆定級要素：此俑是研究唐代新疆吐魯番地區歷史與貴族服飾的重要文物。

159 貼金彩繪陶騎馬武士俑　　唐

高 35　長 31.5 釐米
1971 年陝西乾縣懿德太子李重潤墓出土
現藏陝西歷史博物館

◆胎呈白色。馬立於長方形座上，體態肥壯，面簾貼金，身披鎧甲。鞍上端坐一武士，頭戴黑色兜鍪，眉清目秀，目視前方，身着鎧甲戰袍，雙手持韁，通體施紅、藍、綠、褐色彩。◆此馬貼金披甲，非實戰所用，是模擬唐代皇室的儀衞鹵簿。◆武士俑出於神龍二年（706 年）唐中宗李顯長子李重潤墓。李重潤十九歲夭折，追封為太子，他的安葬是"號墓

為陵"之制。◆此騎馬武士俑造型精美，形象逼真，裝飾華貴富麗，表現出唐皇室的豪華和威嚴。

◆定級要素：此俑陶塑技藝精湛，裝飾手法少見，為唐代彩繪陶器中的藝術珍品。

160 彩繪陶騎馬狩獵俑　　　唐

通高 30.4　長 23 釐米
1960 年陝西乾縣永泰公主墓出土
現藏陝西歷史博物館

◆俑頭戴襆頭，雙目圓睜，絡腮鬍鬚，上身穿翻領胡服，內穿半臂。跨騎在馬背之上，上身向左偏，右手高舉，左手彎曲作持韁狀，馬臀上立一獵犬，兩眼睜大，頭昂起，似已發現獵物。馬身軀健壯，束尾上翹，立於長方形台座上。

◆定級要素：此俑塑像刻劃生動，反映出狩獵的場面，它是唐代社會生活的真實寫照。明確紀年墓出土。

161 彩繪陶騎馬狩獵俑　　唐

通高 32　長 32.5 釐米
1960 年陝西乾縣永泰公主墓出土
現藏陝西歷史博物館

◆俑頭包軟巾，深目高鼻，絡腮鬍鬚，為胡人形象，上身穿翻領胡服。馬背後有一隻猛獸，齜牙咧嘴，向馬背上人攻擊。胡人轉身左手揪住野獸頭上鬃毛，右手高高舉起正要擊向野獸頭部。胯下騎馬施紅彩，頭頂兩耳中間有一束高鬃毛，四肢健壯，立於長方形踏板上。
◆定級要素：此塑像以瞬間的情形來刻劃，富於動感，有強烈的藝術感染力，是唐代陶塑的代表作。

162 三彩陶騎馬狩獵俑　　唐

通高 27.5　長 32 釐米
1960 年陝西乾縣永泰公主墓出土
現藏陝西歷史博物館

◆俑頭戴襆頭，面容清秀，身穿綠色圓領長衫，雙手持韁，騎於馬上。馬背上立一獵犬，頭部昂起，神態機警，其下墊有一塊圓形花墊子。馬頭昂起，雙耳直立，披鬃束尾，膘肥體壯。施紅釉。
◆定級要素：此俑製作精美，彩釉亮麗，為唐代王公貴族狩獵活動時的寫照。

163 三彩陶騎馬射獵俑　　唐

通高 35.5　長 30 釐米
1971 年陝西乾縣李重潤墓出土
現藏陝西歷史博物館

◆武士頭戴襆頭，面部豐滿，留短鬚，身穿褐色翻領衫，腰繫帶，下穿長褲，足蹬靴。上身前俯幾乎貼於馬背上，仰頭向上，雙手作持弓射箭狀，左側腰間懸掛一箭囊，馬背上還搭有一獵物。◆唐代社會娛樂生活豐富，與宋代不同，比較喜歡戶外活動，狩獵被貴族視為人生三大樂事之一，懿德太子墓中狩獵俑羣的出土充分反映了這種風氣。
◆定級要素：此俑姿態生動形象，刻劃入微。

164 彩繪陶騎馬吹簫俑　唐

通高 40 釐米
1972 年陝西禮泉縣鄭仁泰墓出土
現藏陝西歷史博物館

◆俑頭戴紅色風帽，身穿紅色窄袖長袍。雙手捧簫，作吹奏狀。馬頭微向上抬，耳直立，剪鬃，背上配有鞍墊，立於長方座上。施黃綠色釉，繪紅、黑、黃諸彩。

◆定級要素：此俑墓葬出土，保存完好。

165 三彩陶騎馬擊鼓俑　唐

通高 33　長 28 釐米
1972 年陝西禮泉縣李貞墓出土
現藏禮泉縣昭陵博物館

◆俑頭戴彩色帷帽，表情嚴肅，目視前方，身穿綠色右衽寬袖衫，下身穿淡褐色窄褲，足蹬尖頭靴。腰間繫一黃褐羯鼓，雙手持鼓槌作擊狀。馬黃褐色，剪鬃束尾，立於長方踏板上。

◆定級要素：此俑彩釉鮮麗，明確紀年墓出土，保存完好，為典型的唐代三彩器。

166 彩繪陶騎馬女俑　唐

通高 37 釐米
1972 年陝西禮泉縣鄭仁泰墓出土
現藏陝西歷史博物館

◆馬上坐一仕女，頭戴遮陽帽，櫻口朱唇，面容秀麗，上身穿窄袖白衫，外罩白褙衣，上繪紅色碎花，下穿黃色百褶裙，足蹬黑色尖頭鞋。右手持韁，左手下垂。馬身為黃色，臀部有紅斑。馬具齊全，立於長方座上。◆此俑為彩繪與彩釉裝飾相結合，塑造人物栩栩如生。

◆定級要素：此俑釉彩豔麗，墓葬出土，保存完好。對研究唐代社會風俗、服飾是非常珍貴的參考資料。

167 三彩陶騎馬女俑　　　　　　唐

通高 39.2　長 38.7 釐米
現藏上海博物館

◆仕女騎於馬上，頭戴黑帷帽，上身穿黃色袒胸窄袖衫，下穿綠色長裙。雙手持韁狀。馬頭前伸，剪鬃束尾，立於長方座上。馬身施白釉。

◆定級要素：騎馬俑為唐代三彩的典型器，白馬非常罕見，釉色明豔，保存完好。

168 三彩陶騎馬女俑　　　　　　唐

通高 35.2　長 28.5 釐米
1972 年陝西禮泉縣李貞墓出土
現藏禮泉縣昭陵博物館

◆仕女端坐於馬上，頭戴翻沿胡帽，帽沿裁成“山”字形，粉綠地上繪蔓草及寶相花紋。臉部豐滿，眉描黑，唇塗朱，額上飾花鈿。上身穿圓領半臂，內襯窄袖衣，下穿綠色長裙，圓頭鞋，踩馬鐙。馬為黃褐色，伸頸昂頭，張口喘氣，剪鬃縛尾，立於長方踏板上。

◆定級要素：此俑彩釉華麗，墓葬出土，保存完好。

169 三彩陶馬及馬夫俑　　　　　　唐

俑高 28.5　馬高 41　長 46 釐米
1959 年陝西西安墓葬出土
現藏陝西歷史博物館

◆馬夫髮中分，紮辮盤於腦後，顴骨起，寬鼻厚唇。身穿襯衣，外罩深綠半臂，最外穿翻領胡服，腰上掛有刷子、梳子等洗馬用具。雙臂彎曲前伸，手呈握拳狀，稍向左斜立於長方座上。馬形體高大，馬具齊全，全身施黃釉，昂首站立，剪鬃縛尾，四肢修長，馬背上為綠色鞍韉，頸部及背部的革帶上掛飾有杏葉狀的裝飾物。

◆定級要素：此組陶塑人物刻劃生動逼真，駿馬雄健有力，具有很高的藝術價值，墓葬出土，保存完整。

170 三彩陶駱駝載樂俑　　唐

通高 66.5　長 42 釐米
1957 年陝西西安鮮于庭誨墓出土
現藏中國國家博物館

◆駝身施赭黃色釉，身軀健壯，立於長方形台座
上。頸部深色駝毛披散，昂頭嘶鳴。駝背上置
一方台，下墊圓形墊子，綠色邊繪菱形紋。台
子上鋪一長方形毯子。綠色邊，內一圈為黃色
連珠紋，中間是白、綠黃、褐相間的
條紋。台上坐有四人，正在演奏樂
器，一為彈琵琶，一為吹觱篥，兩
人擊鼓。中有一人站立，手舞足
蹈。除擊鼓者和吹觱篥者外，其餘三
人均深目高鼻，絡腮鬍鬚，應為西
域胡人。餘下兩人為漢人。從樂器
的組成和跳舞者的舞姿看，應在
表演"胡部新聲"。

◆定級要素：此器形制高大，造型新穎，獨具匠
心，駱駝載樂俑罕見。為研究唐代的音樂、舞
蹈提供了形象而準確的資料。

一級品．唐

171 三彩陶西域人騎駝俑　　　唐

通高 89.7　長 26.5 釐米
1954 年山西長治王深墓出土
現藏中國國家博物館

◆駱駝昂首，目視前方，四肢粗壯，立於一長方形座上。駝背部雙峯之間搭有黑色行囊，其上坐一胡商，頭戴尖帽，深目高鼻，絡腮鬍鬚，身穿翻領胡服，腰間繫一小香囊，腳蹬長靴。左手微向前伸，右手高舉作揮鞭狀。生動地反映了西域胡商的形象。

◆定級要素：此器形制高大，塑造技藝高超，形神兼備，墓葬出土，保存完好。

172 三彩陶鞍馬　　　唐

高 75　長 84 釐米
1981 年河南洛陽安菩墓出土
現藏河南博物院

◆馬為棕褐色，昂首站立，頭較小，頸長而粗壯，兩耳直立，剪鬃縛尾，立於長方形踏板上。胸前和背部縛白色革帶，上掛綠色杏葉狀飾物，上繪蟾蜍紋。馬具齊全，鞍上搭綠色毯子。

◆定級要素：此器形制較大，形體勻稱，膘肥體壯，彩釉亮麗，墓葬出土。

173 三彩陶鞍馬　　　唐

高 32　長 32.5 釐米
1965 年河南洛陽墓葬出土
現藏洛陽市文物工作隊

◆黃褐色馬，馬頭低垂，披鬃縛尾，前腿直立，後腿微曲，立於長方形踏板上。馬具齊全，鞍上搭藍白色障泥。馬鬃為藍白相間，胸前及股後的革帶上掛杏葉狀飾物，上繪白色變體寶相花紋。

◆定級要素：馬形制較小，但彩釉裝飾華麗，鈷藍釉更顯珍貴，保存完好。

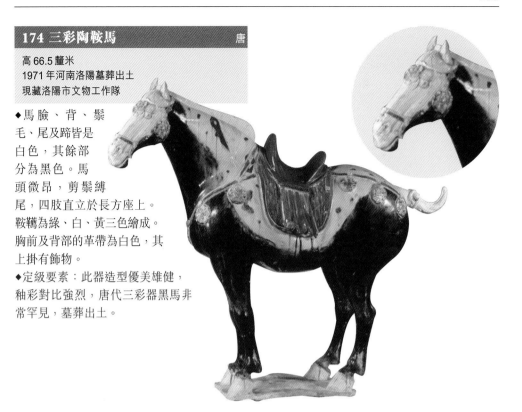

174 三彩陶鞍馬　　　　唐

高 66.5 釐米
1971 年河南洛陽墓葬出土
現藏洛陽市文物工作隊

◆馬臉、背、鬃
毛、尾及蹄皆是
白色，其餘部
分為黑色。馬
頭微昂，剪鬃縛
尾，四肢直立於長方座上。
鞍韉為綠、白、黃三色繪成。
胸前及背部的革帶為白色，其
上掛有飾物。
◆定級要素：此器造型優美雄健，
釉彩對比強烈，唐代三彩器黑馬非
常罕見，墓葬出土。

175 三彩陶鞍馬　　　　唐

高 32 長 36 釐米
1965 年河南洛陽墓葬出土
現藏洛陽市文物工作隊

◆馬身為藍色，上繪白色斑點。昂首直立，雙
目斜視左前方，鞍韉、轡飾齊全，立於長方形
座上。頭部、頸部及股後的革帶上皆掛杏葉狀
飾物。
◆定級要素：此器造型優美，藍釉罕見，保存完
好。

176 三彩陶鞍馬　　　　唐

高 40　長 49 釐米
1956 年陝西西安墓葬出土
現藏陝西歷史博物館

◆白色馬身，鬃毛為赭紅色，馬頭下垂，向內曲。鞍韉、轡飾齊全。頭部及背部綠色革帶上綴杏葉狀飾物。

◆定級要素：此器造型生動，施釉豔麗，墓葬出土，保存完好。

177 三彩陶三花馬　　　　唐

高 79.5 釐米
1971 年陝西乾縣李重潤墓出土
現藏陝西歷史博物館

◆棕色馬，馬頸前伸，頭向右偏，剪鬃縛尾，鬃剪為三花狀。鞍韉、轡飾齊全，鞍為綠色，上披編織狀的障泥。

◆定級要素：此器造型優雅，體態健壯。

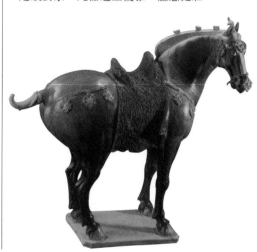

178 三彩陶馬　　　　唐

高 28.5　長 27 釐米
1960 年陝西乾縣永泰公主墓出土
現藏陝西歷史博物館

◆馬頭向右高昂，張口嘶鳴。剪鬃束尾，馬身渾圓肥壯。四肢直立於長方形座上。馬身灰白釉為地，其上繪不規則的赭色豎斑紋。全身無馬具。

◆定級要素：此馬比例勻稱，形象逼真，明確紀年墓出土。

179 白陶馬　　唐

高 49　長 46 釐米
1972 年陝西禮泉縣張士貴墓出土
現藏禮泉縣昭陵博物館

◆白陶。馬頭向下內收，張口低嘶，波浪狀長鬃披散一側，短尾束起。右腿高抬，蹄內彎，身體略向後傾。馬身無鞍韉、轡飾。◆此馬的肌肉紋理刻劃極為細緻，充滿動感，應為宮中舞馬的形象。
◆定級要素：此馬造型罕見，形象生動。

180 三彩陶載物駱駝　　唐

高 48　長 42 釐米
1959 年陝西西安墓葬出土
現藏陝西歷史博物館

◆駱駝全身為棕褐色，昂頭向天，張口嘶鳴，雙眼圓睜，雙耳豎起，腹部渾圓，四肢直立於長方形踏板上。背部覆綠色圓形墊，雙峯間搭有滿裝貨物的行囊，其兩端為獸頭形象。行囊中裝有成匹的絲綢，以及飛禽等獵物。

◆定級要素：此器造型生動形象，釉彩明快。

181 三彩陶駱駝　　　　唐

高 82　長 65 釐米
1981 年河南安菩墓出土
現藏洛陽市文物工作隊

◆駝昂頭向天，張口鳴叫，四肢交錯立於菱形踏板上。身施棕色釉，駝毛、雙峯、腹部為白色。背負橢圓形墊子，綠地上繪黃色花紋。

◆定級要素：此器彩釉豔麗，為典型的三彩駱駝，明確墓葬出土，保存完好。

182 三彩陶臥駝　　　　唐

高 25.4　長 31 釐米
1955 年陝西西安墓葬出土
現藏陝西歷史博物館

◆胎呈白色。駱駝四肢跪地伏臥，昂首伸頸，張嘴露齒，雙峯高聳，尾上捲。通體施紅、黃等三彩色釉。◆駱駝體態肥碩，造型優美生動，姿態悠閑傳神，製作精細，釉彩豔麗滋潤，反映出唐代匠師高超的雕塑技藝。

◆定級要素：臥姿駱駝為少見，彌足珍貴。

183 藍釉陶驢　　　　唐

高 23.5　長 26.5 釐米
1956 年陝西西安出土
現藏中國國家博物館

◆驢伸頸昂首，張口嘶鳴，雙耳後倒，鼓腹，尾下垂，直立於長方踏板上。背部裝白色鞍韉，驢身施以藍釉，蹄露胎。◆此器形象逼真，富於生機，三彩動物俑多馬和駱駝，驢較為少見。

◆定級要素：此器造型別致，彩釉明麗，保存完好。

184 綠釉陶獅　　唐

高 18 釐米
1958 年河北邢台出土
現藏河北省博物館

◆蹲坐於方座
上。頭部上
揚，張口露
齒，舌頭外
吐，雙目圓
睜。兩前腿撐住
身體。頭部、下
頷、左膝均貼塑鬃毛。全身
施綠釉，雙眼施黑彩。

◆定級要素：此器形象生動，綠釉明亮。

185 三彩陶蹲獅　　唐

高 19.5 釐米
1955 年陝西西安墓葬出土
現藏陝西歷史博物館

◆盤坐在樹墩狀
台上。兩前腿
撐地，後腿向
前自然伸
出。右後腿
高抬從右前
腿外側伸出。
獅子雙目圓睜，
雙耳直立，披鬃，
張嘴舐右後腿。

◆定級要素：此獅神態生動，造型新穎，施釉鮮
麗，墓葬出土。

一級品・唐

186 三彩陶龍紋獸足爐　　唐

高 17.7 口徑 14.2 腹徑 22 釐米
1965 年遼寧朝陽韓貞墓出土
現藏遼寧省博物館

◆胎呈白色。侈口，矮頸，圓腹，圜底，底承以
三獸足。肩部堆貼火珠紋，腹部堆飾龍紋，通

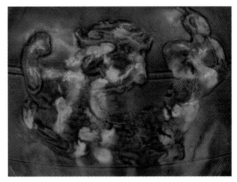

體施三彩釉。◆此爐造型渾圓古樸，火珠、
龍紋較為少見，龍紋勇猛矯健，神態生動，
富有立體感，釉彩鮮豔光亮。◆此爐為河南
鞏縣窰製品，出土於東北朝陽唐墓，較為少
見。
◆定級要素：此爐為唐三彩器中的典型器物，
為研究唐代中原與東北地區的文化交流提供了
實物資料。

187 三彩陶寶相花洗　　唐

高 6.3 口徑 25.8 釐米
1974 年陝西三原出土
現藏三原縣文物保管所

◆胎呈白色。直口，弧壁，廣平底。內底
刻寶相花紋。通體施藍、白、赭色三彩
釉。

◆定級要素：此洗造型端莊，裝飾紋樣新穎別
致，釉彩搭配協調，色彩明快，為唐三彩器中
的典型器物，為唐三彩藝術中的珍品。

188 三彩陶錢櫃　唐

高 17.6 釐米
1962 年河南洛陽出土
現藏河南博物院

◆胎呈白色。錢櫃呈長方體，下承以四個
方形柱腿，櫃頂有長方形蓋。櫃體堆貼
獸面紋、蓮瓣紋等。通體施黃、綠、紅
色彩釉。
◆定級要素：此櫃造型少見，製作規整，
紋飾精美，釉彩豔麗。雖為隨葬明器，但
對唐代傢具研究仍有重要的參考價值。

189 三彩陶山池　唐

山高 18　池寬 16 釐米
1959 年陝西西安墓葬出土
現藏陝西歷史博物館

◆胎呈白色。水池為海棠形，水
池一邊堆塑一座高山，山峯
高聳，山勢起伏陡峭，高
低錯落有致，山間有雲朵
和小鳥。小鳥有的在歇
息，有的在池旁飲水。通
體施綠、白、黃等釉
彩，以綠釉為主。◆此
器造型別致新穎，形象逼真，雕刻精工，釉彩鮮
亮，反映出唐代庭院景致，寫實
性強，為唐代陶塑藝術之精品。
　◆定級要素：此器在唐三彩器中
造型少見。墓葬出土，器較完
整。

190 彩繪陶天王俑　　唐

高 127 釐米
1944 年甘肅敦煌老爺廟墓葬出土
現藏南京博物館

◆頭戴盔，面目猙獰，唇留短鬚。圍項護，身穿
鎧甲，左手叉腰右手高舉，足穿長靴，右足下
踩一小鬼，小鬼作掙扎狀。其下是墩形圓台。
面部與手部為朱紅彩，鎧甲描金。
◆此俑出土時置於墓門，應為避鬼驅邪之用。
◆定級要素：俑形制高大，形象威武，較為罕
見，早年墓葬出土。

191 三彩陶鎮墓獸　　唐

高 103.5 釐米
1981 年河南洛陽安菩墓出土
現藏洛陽市博物館

◆人面獸身，雙目圓睜，絡腮鬍鬚。頭頂有角高
高豎起，兩獸耳張開。胸兩側有翼，四腳為牛
蹄狀。蹲坐於長方台座上，前腿撐地。體施三
彩釉。
◆定級要素：此器形制高大，氣勢雄偉，彩釉鮮
麗，為三彩器中的精品。

192 三彩陶鴛鴦枕　　唐

高 5.5　長 12.5　寬 10 釐米
1971 年河南洛陽出土
現藏洛陽市文物工作隊

◆枕呈長方體，枕面微凹，枕面刻劃鴛鴦戲蓮
圖，間以水草紋。綠色釉為地，間以黃白彩
釉。四壁均為黃地白色斑點紋圖案。
◆定級要素：器形小巧別致，圖案精美，富於生
活氣息，釉彩豔麗。

一級品・唐

193 三彩陶庭院　　唐

◆定級要素：此庭院為比較完整、規模較大的陶
質唐時庭院的模型，是研究唐代建築極為重要
的參考資料，十分罕見。

高 37　長 153　寬 69 釐米
1959 年陝西西安墓葬
現藏陝西歷史博物館

◆整個庭院由十二個單體部分組成，中軸
線由前到後分別為門房、四方
亭、前廳、八角亭、假山、後
室，以及旁邊的六間廂房。門
房面闊三間，懸山式屋頂，前
有二廊柱；四方亭面闊一間，
四角攢尖式頂，覆以綠琉璃
瓦，以四根紅柱撐起，周有
迴廊；前廳面闊三間，中間
開門，周有迴廊，懸山頂，
覆以藍琉璃瓦；八角亭洞開
門，紅柱黃瓦，並列有假山
池水；後室面闊三間，九
脊廡殿頂，綠色琉璃瓦，
下置人字形斗拱。院落兩
側，每側三間廂房，整個
院落以圍牆圈起。

194 彩繪陶舞俑　　　五代‧南唐

高 46 釐米
1950 年江蘇江寧李昇墓出土
現藏南京博物院

◆泥質灰陶。男俑作舞蹈狀，頭戴襆頭，寬額大臉，面帶微笑，袒胸露腹，身穿窄袖長袍，足穿長筒靴，右手上揚舞袖，左手持腰扭動身軀。通體施白、紅色彩。◆此俑人物形象生動，姿態優美，採用刀刻技法，承襲了唐代陶塑藝術寫實的作風，又有該時代的藝術特色。

◆定級要素：南唐紀年墓葬出土，同出舞俑較多，此件製作尤為精細。為研究五代時期南方陶塑雕刻藝術及舞蹈、服飾的形象資料。

195 灰陶人首魚身俑　　　五代‧南唐

高 13.5 長 35 釐米
1950 年江蘇江寧李昇墓出土
現藏南京博物院

◆泥質灰陶。人首魚身臥俑，頭戴道冠，長方大臉，五官端正，表情肅穆。頸下為魚身，腹鰭着地，腹兩側刻魚鱗紋等。◆人首魚身俑是根據《山海經‧南山經》中關於人首魚的記載而製成，造型形象生動，採用刀刻技法，製作精細，技法嫻熟，紋飾清晰，擬人化的造型極富浪漫色彩，反映出工匠們高超的製陶技能。◆此俑為隨葬器。

◆定級要素：此俑形制奇特，造型少見，為研究五代時期隨葬制度與雕刻藝術的重要資料。

196 黃釉陶水波紋罐　　北宋

通高 9.8　口徑 4.3　足徑 4.3 釐米
1969 年河北定州靜志寺塔基地宮出土
現藏定州市博物館

◆直口，圓唇，豐肩，鼓腹，圈足外撇。器帶圓蓋，上附桃形鈕。採用刻劃和模印的方法裝飾。肩部為圓圈紋和弦紋，腹部是弧線形箆紋。通體施黃釉。蓋內書“蓋教化舍利閣頭陀僧智聰”，外底書“教化人智聰”等二十一字。
◆定級要素：此器造型端莊規整，釉質瑩潤，保存完好。

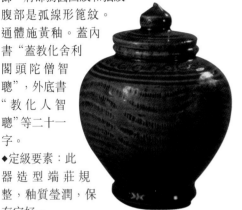

197 綠釉陶波紋淨瓶　　北宋

高 18.1　口徑 0.9　足徑 5.1 釐米
1969 年河北定縣靜志寺塔基地宮出土
現藏定州市博物館

◆小口，長頸，圓肩，長腹下收，圈足，胎呈黃色。腹飾箆劃波浪紋，施綠釉。◆此淨瓶造型端莊，裝飾技法集堆塑、劃花、模印於一身，紋飾清晰，綠釉鮮亮，胎質細膩。
◆此淨瓶是佛教用器。於北宋太平興國二年（977 年）放入塔基地宮中，屬北宋早期三彩釉陶的典型器物。
◆定級要素：此淨瓶是斷代研究的重要標準器，保存完好。

一級品・五代・宋

198 陶童嬉捏像　　北宋

高約 10 釐米
1976 年江蘇鎮江大市口出土
現藏鎮江博物館

◆陶質，略施彩繪。一組五件，形象各異：或摔倒在地，或匍伏在地，或袖手觀看，或躍躍欲試，或揚手助威。捏像身上有“吳郡包成祖”、“平江包成祖”、“平江孫榮”的戳記。◆吳郡、平江即為今江蘇蘇州，包成祖、孫榮應為捏塑工匠。捏像製作精美，小巧玲瓏，玩童神態各異，把活潑、天真、敏捷的兒童姿態表現得淋漓盡致，顯示出宋代雕塑工藝的高超水平。
◆定級要素：此器為研究蘇州地方陶塑製作歷史提供了寶貴的實物佐證。

199 三彩聽琴圖枕　　北宋

高 16　長 63　寬 25 釐米
1976 年河南濟源縣勳掌村鎮安寺出土
現藏河南博物院

◆枕呈長方形，中間略束腰。枕面中央有菱形開光，內繪聽琴圖，四角有圓形開光，內繪嬰戲圖，內容分別為採蓮、傀儡戲、釣魚等。枕壁前後兩面刻劃蓮葉蓮花，左右兩側面為牡丹紋。

◆定級要素：此枕形制較大，刻劃精緻，色彩搭配協調，十分罕見，保存完好。

200 三彩陶舍利匣　　北宋

通高 46.5　每邊長 28.5 釐米
1966 年河南密縣法海寺塔基地宮出土
現藏河南博物院

◆匣由底座、匣身、頂蓋三部分組成。蓋頂為盝頂形，四面鏤有葫蘆形孔。匣身四角塑有四根方形角柱，下面的四個角，每角塑有一個蹲獅。四壁中央各有一個關閉的假門，門兩側站有守門神。外壁空白處飾有蓮花圖案。底座為仿磚石結構的疊澀須彌座式，束腰，四面中心有橋形鏤孔。通體施褐、黃、綠三色釉。匣身內壁題記："咸平元年（998年）十一月三日張家記"。頂蓋內有"咸平元年（998年）十一月三日施主仇知訓"。

◆定級要素：此器為有明確紀年的宋三彩器，是斷代研究的重要標準器。堆貼、絞胎、鏤空技法相結合，製作精美。

201 三彩陶武士俑 南宋

高 95 釐米
現藏四川大學博物館

◆俑頭戴冠。雙目圓睜平視，唇上蓄上翹的大八字鬍。身穿綠袍，肩部和腰部掛穿鱗甲。胸前有護胸甲。腹部鼓起，雙手交叉貼於腹部，立於圓形台上。

◆定級要素：俑形體高大，雄壯威武，反映出宋代邛窰的製陶水平。

202 褐釉陶盤口穿帶瓶 遼

高 32.6 口徑 9.3 足徑 9.3 釐米
1960 年內蒙古和林格爾墓葬出土
現藏內蒙古自治區博物館

◆盤口，長頸，豐肩，長圓腹，圈足。腹兩側飾對稱橫穿，以供穿繫。腹部印有花卉紋，通體施褐釉，釉彩鮮豔光亮。

◆定級要素：此器設計精巧，形體端莊，紋飾別致，既實用又美觀，是遼三彩器中的藝術珍品。

一級品·宋·遼

203 醬釉陶雞冠壺 遼

通高 25.5 腹徑 17～20.3 釐米
1974 年遼寧法庫墓葬出土
現藏遼寧省博物館

◆胎呈紅色。扁圓形腹，橢圓形管式口，帶蓋。通體施醬釉。◆雞冠壺是遼契丹民族的代表性器物，是摹仿契丹族傳統使用的皮質容器的形狀而製作。腹部堆捏泥條仿皮革的接縫，並作出針腳來，充分説明了雞冠壺和皮革製品的淵源關係。此器造型規整，施釉均匀，醬釉光亮匀淨，是遼代三彩器中的佳作。

◆定級要素：此雞冠壺為遼代早期墓葬出土，是遼代早期雞冠壺的標準器。

204 綠釉陶穿帶扁壺　遼

高 26　腹徑 23 釐米
1965 年內蒙古翁牛特旗墓葬出土
現藏赤峯市文物工作站

◆胎呈紅色。口頸呈長方
形，扁圓形腹，兩側有凹
槽，並置有貫耳，以便穿
帶提攜。腹部刻劃篦狀連
弧紋。通體施綠釉。◆此
器造型適宜契丹人馬上生
活，具有濃郁的地域和民族特色。

◆定級要素：此器製作規整，紋飾精緻，施釉均
勻，釉質光潤，反映出遼代陶器的製作水平。

205 三彩陶印花海棠式盤　遼

高 2.1　長 30.1　寬 17.9 釐米
1956 年遼寧新民遼代墓葬出土
現藏遼寧省博物館

◆泥質黃陶。盤為八曲海棠花冠式，內印牡丹雙蝶紋，施三彩釉，色調鮮豔。牡丹花卉被視為富貴花，深受人們喜愛。◆在《遼史》中屢見皇帝"賞牡丹或以牡丹遍賜近臣"的記載。牡丹花在遼代壁畫、金銀器、石刻、陶瓷上用來作裝飾圖案。海棠式盤在遼代三彩器中為常見的典型器物。

◆定級要素：此器釉色、形體俱佳，且為遼墓出土，保存完整。

206 三彩陶印花套盒　遼

殘高 4.2　口徑 14 ～ 15.2 釐米
1977 年內蒙古翁牛特旗墓葬出土
現藏赤峯市文物工作站

◆胎呈紅色。器失蓋，現
有兩層，可以相套合。
器呈八瓣蓮花形，外壁
印有淺浮雕牡丹花紋，
施三彩釉。

◆定級要素：此器形體規整，造型少見，施釉均
勻，釉色鮮亮潤澤，為遼三彩器中的佳作。

207 三彩陶印花牀　　遼

高 7.8 長 15.4 寬 7.8 釐米
現藏遼寧省博物館

◆泥質紅陶。牀呈長方形。通體施黃、綠色釉。牀面施綠釉，四邊有六個柱頭裝飾，一邊有枕。牀的邊沿施黃釉，四個側面為綠釉，其上凸雕海棠花冠、卷雲紋圖案以及黃釉支柱。

◆定級要素：此器造型別致新穎，釉色瑩潤，較為罕見。

208 灰陶騎駱駝擊鼓俑　　元

通高 42 長 35 釐米
1978 年陝西戶縣賀氏墓出土
現藏戶縣文化館

◆泥質灰陶。駱駝昂首，雙目前視，背上坐一胡人騎俑，頭戴尖頂帽，身穿圓領交襟短上衣，下穿長褲，足蹬長筒氈靴。腰繫一鼓，右手高舉，緊握鼓槌，作擊鼓狀。◆此俑形體高大，形象栩栩如生，顯示出元代雕塑水平之高超。

◆定級要素：元代此類俑較為少見，為研究元代人物服飾提供了形象的實物資料。

209 彩繪陶騎馬俑　元

通高 38.5 釐米
1964 年山西沁水徵集
現藏山西省博物館

◆俑頭戴笠帽，五官俊朗，表情嚴肅，身穿束圓領過膝短衣，腰繫帶，帶頭垂於右側，足蹬長靴。馬剪鬃縛尾，直立於長方台座上，馬頭向下伸，鞍韉齊全。俑雙手作持韁狀，似在勒馬駐足。施紅、白、黑色等彩。

◆定級要素：此俑造型生動，元代陶俑較為少見。

210 彩繪陶騎馬俑　元

通高 42 釐米
1964 年山西沁水微集出土
現藏山西省博物館

◆胎呈紅色。俑頭戴紅色高頂笠帽，面容清俊，目視前方，上身穿圓領短袍，外罩對襟馬褂，足蹬長靴。左手自然下垂，右手彎曲置於胸前，作持韁狀。胯下馬直立於長方台座上，披鬃散尾，頸向前伸，頭向內曲。

◆定級要素：元代陶俑較為少見。

211 灰陶鞍馬　元

高 26　長 36 釐米
1985 年陝西西安墓葬出土
現藏陝西歷史博物館

◆馬昂首伸頸，雙目圓睜，鬃分披左右，長尾下端打結。凸胸鼓腹，身軀肥壯，四肢修長，鞍韉、轡飾齊全，直立於長方踏板上。

◆定級要素：此器塑造生動，形象逼真，反映出元代陶塑工藝水平，墓葬出土，保存完好。

212 灰陶馬及牽馬俑　　　　元

人高 28　馬高 34　長 41 釐米
1978 年陝西戶縣賀氏墓出土
現藏戶縣文化館

◆牽馬人頭戴寬沿遮陽帽，面部較圓，雙目仰
視，頭梳雙辮。身穿交襟長袍，腰繫帶，足蹬
氈靴，立於長方踏板之上。左手前伸，右手貼

於胸前，作牽韁狀。馬較高大，昂頭前視，披
鬃散尾，背上綁有虎頭紋貨物囊，滿裝物品。
四肢修長，立於長方踏板上。

◆定級要素：此俑製作精工，形象生動，墓葬出
土，保存完好，元代陶俑較為少見。

213 法華陶鏤雕八仙紋罐　　明

高 34　口徑 19.5 釐米
山西侯馬民間徵集
現藏山西省博物館

◆直口，豐肩，鼓腹，平底內凹，矮圈足。器壁為雙層，內壁光素無紋，外壁鏤空。施以黃、綠、黑三色彩釉裝飾。腹部開光內繪八仙人物故事圖案，肩部繪一周纏枝牡丹紋，足部為蓮瓣紋。

◆定級要素：此器製作精細，人物刻劃生動，為山西陶質法華器中的精品，較為罕見。

214 時大彬紫砂六方壺　　明

通高 11　口徑 5.7　底徑 8.5 釐米
1968 年江蘇江都明墓出土
現藏揚州博物館

◆胎呈赭紅色。壺身呈六角柱形，扁環狀柄，六棱形流，帶蓋，外底刻有楷書“大彬”兩字。◆此為宜興紫砂器。宜興製陶器始於宋代，明代非常興盛，出現了許多製壺名家。時大彬，明萬曆時人，是正德年間紫砂藝術大師供春的高徒，為製壺高手，有“宜興妙手數供春，後輩返推時大彬”之說。故後世偽造帶有“大彬”款的壺傳也較多。◆此壺出土於明萬曆四十四年（1616 年）墓葬，與時大彬生活的年代相近，當為時大彬所製。

◆定級要素：此器形體端莊，造型古樸，製作精工，為明代紫砂陶器之精品。是目前出土年代較早的“大彬壺”，為重要的大彬壺標準器。

215 時大彬紫砂提梁壺　　明

通高 20.5　口徑 9.5 釐米
現藏南京博物館

◆圓口，短頸，扁圓形腹，大平底，平蓋上附六瓣形鈕，流為不規則的六邊形，提梁為環形，蓋內口子上刻有名款“大彬”，鈐“天香閣”陰文方印。胎色紫泛黑。

◆定級要素：此壺製作規整，造型優美，極富韻致，展現出一代名師高超製陶技藝。

216 石灣窰凸纏枝花梅瓶 明

高 30.3 口徑 7.2 底徑 14.5 釐米
現藏故宮博物院

◆器撇口，短頸，豐肩，肩以下漸收至足。器身堆貼纏枝花卉，通體施月白釉。◆此器造型規整，形體優美，紋飾精緻，線條流暢，立體感強。為石灣窰的產品。◆月白釉為石灣窰的典型彩釉，釉色淡雅怡人，反映出石灣窰製陶水平之高超。

◆定級要素：此器的造型在石灣窰中較為少見。

一級品・明

217 法華陶菊蝶紋雙耳瓶 明

高 46.3 口徑 12.9 釐米
現藏遼寧省博物館

◆喇叭口，長頸，溜肩，鼓腹，頸部飾對稱雙耳。腹部堆塑菊花舞蝶圖案。瓶體施藍釉，菊花和舞蝶用紫、白、綠三色釉裝飾。◆菊花圖案寓有"安居（菊）樂業"吉祥之意。
◆定級要素：此器造型雋秀，彩釉鮮麗，保存完好，為明代陶胎法華器的代表作。

218 醬黃釉陶鼓形爐　　明

高 8.3　口徑 14 釐米
現藏廣東省博物館

◆胎呈灰黃色。爐呈鼓形，腹部堆
貼有獅獸耳，底承三蹄形足。器
身施醬黃色釉，胎質細膩，施
釉均勻，底鈐有楷書"祖唐居"
款。◆祖唐居為明代著名石灣陶塑
名店。

◆定級要素：此器古樸端莊，製作精緻，為明代
石灣窰的珍品，較為少見。

219 紫砂浮雕桃式水注　　明

高 11.9 釐米
現藏故宮博物院

◆器呈桃形，頂尖處有小孔，為流。桃身一側堆
貼桃枝、桃葉及雙桃，其中桃枝頂端開口作為
進水口。施天青釉，釉色瑩潤，色澤明亮。◆此
器為宜興窰燒造，不僅是一件精巧的文房用
具，而且是難得的仿生工藝品。
◆定級要素：此器造型優美，構思巧妙。

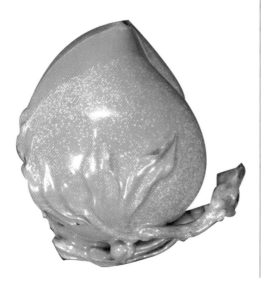

220 石灣窰玉蘭式花插　　明

高 20.3　口徑 16　足徑 7.5 釐米
現藏故宮博物院

◆器仿玉蘭花形製作，四花瓣形口，外壁貼塑花
瓣。施米色釉，細潤光滑，開碎片紋。
◆定級要素：此器造型優美雅致，製作精工，為
石灣窰明代時期的作品，較為少見。

221 紫砂梅花紋罐　　　清

通高 13.2　口徑 4.1　足徑 4.7 釐米
現藏故宮博物院

◆侈口，圓唇，短頸，豐肩，筒形腹，圈足。附
蓋，蓋面隆起，寶珠形鈕。罐身模印花紋，一
面為山石梅花圖，梅枝清瘦，韻致秀雅。另一
面為乾隆御題詩《雨中烹茶泛外遊書室有作》：
"溪桐山雨相空濛，生衣獨坐楊柳風，竹爐茗碗
泛清瀨，米家書畫將無同。松風洩處生魚眼，
中冷三峽何須辨，清香仙露沁詩脾，座間不覺
芳隄轉。"底部刻有"大清乾隆年製"款。◆此
罐是乾隆御用竹爐茶具成組器中的一件，作貯
茶之用，為宜興窰燒製的宮廷御用茶具。
◆定級要素：此罐造型規整，製作精湛，十分罕
見。

222 陳曼生紫砂竹節壺　　　清

通高 8.5 釐米
1977 年上海金山王坵山墓出土
現藏上海博物館

◆器呈竹節狀，圓口，平肩，平蓋，流、鋬及
蓋鈕均為竹節狀。腹部陰刻"單吳生作羊豆用
享"，下署楷書"曼生"款，蓋內鈐陽文篆書"萬
泉"。

◆定級要素：此壺造型質樸，構思巧妙，雕琢精
細，氣韻天成，為"曼生"紫砂壺中的珍品。

223 紫砂萬蝠紋壺　　　清

通高 10.7　口徑 7.8　足徑 7.8 釐米
現藏故宮博物院

◆壺呈瓜棱形，直口，豐肩，鼓腹，圈足。蓋設
瓜形鈕。腹一側置流，另一側置曲柄。施藍彩
為地，其上用紅、金彩繪雲頭、蝙蝠、卍字帶
紋，取"萬代安福"吉祥之意。
◆定級要素：此器造型優美，製作精緻，為加彩
紫砂器的精品。

224 紫砂山水紋執壺　　清

通高 9.5　口邊長 6.3　足邊長 6.9 釐米
現藏故宮博物院

◆壺呈方形。流與曲柄亦為方形。腹部與蓋面用

金銀彩繪製紋樣。腹部一面繪山水樓
閣，另一面書乾隆御題詩《華海觀
魚》："錦接不藉天流擲，練影中堆萬
邊雲，設與水仙作春服，天邊風月傲清
華"。外底部刻"乾隆年製"四字款。
◆定級要素：此壺製作規整，器形別致，是帝王
御用品茶之物，十分珍貴。

225 石灣窰石榴紅釉獅　　清

高 18　長 73 釐米
現藏廣東民間工藝館

◆陶胎。獅為伏臥狀，施石榴紅釉。◆明清石灣
窰以其豐富的造型和五彩繽紛的釉色著稱於
世，窰變釉為石灣窰的釉中之冠，其中石榴紅
為其代表，釉色鮮豔，華而不浮。◆此獅形體較
大，手捏而成，姿態生動，活靈活現，反映出
石灣窰陶塑藝術之高超。
◆定級要素：此獅為石灣窰中的佳作。

二級陶器定級概述

古陶器二級品的確定，依據文化部頒佈的《文物藏品定級標準》，其宗旨是根據古陶器的歷史、藝術和科學價值，同時，還要考慮器物所具備的其他因素，如陶器的精美程度、製作工藝的高低、保存現狀和現存數量的多寡等方面，全面綜合地衡量。下面闡述"二級品"陶器應具備的條件：

1. 某一文化類型最具代表性的陶器

陶器的產生和發展，是中國古代燦爛文化的重要組成部分，新石器時代在中國廣闊的土地上存在着許多文化類型，其文化遺存以陶器最多，各文化的陶器有鮮明的地域和藝術特徵。代表某一文化類型，造型、紋飾具有特別重要價值的陶器可定為一級品，而某一文化最具代表性的陶器則定為二級器。

黃河上游新石器時代馬家窰文化以彩陶著稱，甘肅永登出土的彩陶螺旋紋雙耳甕，形制高大，紋飾線條流暢，是馬家窰文化馬廠類型彩陶的代表作，傷殘修復，定為二級。磁山文化是華北新石器時期較早的文化遺存，陶盂和陶支腳在磁山文化遺址中大量成組的發現，是磁山文化中最具代表性的器物之一。安徽蕭縣花家寺遺址出土的白陶鬶是大汶口文化的典型器，為早期白陶製品，是花家寺遺址中發現較為精緻的陶器，惜殘缺修復。河北蔚縣三關遺址出土的陶小口尖底瓶，形體較大，製作規整，反映出仰韶文化陶器的製作水平，是仰韶文化最具代表性的器物，故定為二級品。

2. 明確墓葬出土，對斷代研究有參考價值的陶器

中國陶器生產歷史悠久，源遠流長。出土和傳世的古陶器數量很多。斷代分期是古陶器研究的一個重要方面。出土於明確紀年墓葬的陶器為斷代研究提供了寶貴的參考資料。紀年墓出土，可作為斷代標準器，有特別重要歷史、藝術，科學價值的陶器珍品定為一級品，而歷代陶器中的佳作則定為二級品。

俑是中國古代喪葬中使用極為普遍的一種隨葬品，自商代開始到清初消亡延續了數千年，種類多，數量大。鎮墓獸俑是其中的一類，陶質品在南北朝和隋唐墓較為流行。河北曲陽北魏正光五年高氏墓出土的陶鎮墓獸，製作精緻，是北朝陶器的代表作，出土於明確紀年墓，對鎮墓獸的形制變化、斷代研究有參考價值。內蒙古呼和浩特鮮卑墓出土的北魏彩繪陶駱駝及牽駝俑，反映出北方少數民族的藝術風格，製作質樸，形制較小，定為二級品。河北元氏唐垂拱四年墓出土的彩繪立形武士俑，形制高大，塑造形象威武，紀年墓葬出土，對唐代武士俑斷代分期研究有參考價值，彩繪有剝蝕，故定為二級品。

3. 存世量相對較多，製作精美的陶器

在中國數千年的文明發展史中，先輩們創造了具有高度藝術水平與民族風格的各種陶器。由於各個歷史時期，製作工藝和審美情趣的不同，陶瓷器具有強烈的時代特色。有些品種燒製相對較多，存世量也較多，其中製作精美的陶器定為二級品。

漢代盛行厚葬，為了再現墓主人生前的生活，漢墓中常隨葬較多的陶質或釉陶製品，有宅院、樓閣和人物俑等明器，時代特徵鮮明。如河北邯鄲西漢墓出土的彩繪女立俑、東漢墓出土的褐釉陶竈，漢墓出土較多，為漢代陶器的典型器。

河北省文物研究所收藏的三彩刻花長方枕，形制小巧別致，施彩豔麗，為唐三彩的典型器，較為多見，故定為二級品。宋代時期，北方磁州窰生產的三彩陶為宋代陶器的代表作。河北保定出土的磁州窰三彩刻花枕，製作精工，造型別致，紋飾精美，具有鮮明的地域和時代特徵，存世較多，定為二級品。

4. 保存狀況不佳，遺存少見的陶器

陶器是中國勞動人民聰明智慧的結晶，是無數陶工辛勤勞動的成果。有些陶器品種存世量不多，雖保存現狀諸如磕傷、釉彩剝落、破損修復等，但也是非常珍貴的，故定為二級品。

江蘇溧水西周墓出土的幾何印紋硬陶甕，為南方印紋硬陶的典型器，形制高大，紋飾精緻，代表了西周時期印紋硬陶的製作水平，墓葬出土，殘缺修復。河北平山出土的戰國黑陶磨光壓劃紋鼎，壓劃紋樣，並經打磨，工藝精湛，但傷殘修復，定為二級品。同墓出土同樣形制的鼎，因紋樣精美，保存完好而定為一級。陶瓿為東漢的典型器，江蘇鎮江出土的東漢帶流陶瓿，帶方流較為罕見，形制新穎，出土器物，釉面有蝕，故定為二級品。

陝西西安裴氏小娘子墓出土的唐代彩繪陶黑人俑，俑形象生動，十分少見，它對於研究唐代對外交流是重要的參考資料，形制較小，彩繪剝落，定為二級。安徽宿縣出土的唐三彩爐，造型端莊，肩部堆貼鋪首，裝飾別致，彩釉有剝落，定為二級品。此器與遼寧朝陽韓貞墓出土的唐代龍紋三彩陶爐，形制相同，後者貼塑龍紋十分罕見，形象威猛，富有立體感，彩釉明豔，保存完好，定為一級品。

綜上所述，古陶器二級品是僅次於一級品的國家珍貴文物，具有重要歷史、藝術和科學價值，製作精緻，存世量相對較多的陶器。

1 陶盂及陶支腳　　新石器時代·磁山文化

盂高 16.4　口徑 17.7 ～ 19　支腳高 11.5 釐米
1977 年河北武安磁山遺址出土
現藏河北省文物研究所

◆夾砂褐陶，手製。盂為橢圓形直口、微侈、筒形腹，腹壁微外張，大平底。口沿下有四道弧形附加條紋，兩側各有一乳釘，底部有編織紋。支腳呈倒靴狀，頂面如窄楔，下中空。◆盂和支腳出土時往往同時伴出，因此盂不應是食器，可將它看作是一種平底釜。而支腳應為三個一組，燒飯時支在炊器的下面使它形成一定的空間便於燒火。◆此器應為炊器。◆盂和支腳在

磁山遺址中有大量成組的發現，是磁山文化中最具代表性的器物之一，也是區別於其他文化類型的重要依據。

◆定級要素：盂和支腳作為炊器是中國目前發現的最為原始的形態之一，為以後古代炊器的發展演變提供了借鑑，最終被陶鼎所取代。

2 紅陶指甲紋缽　　新石器時代·北辛文化

高 7.1　口徑 20.1　底徑 7 釐米
1979 年山東滕州北辛遺址出土
現藏滕州市博物館

◆泥製紅陶。口微內斂，鼓腹，向下斜收成小平底。器內外施紅色陶衣，壓印指甲紋。

◆定級要素：此器造型比例協調，是新石器時代黃河下游北辛文化早期的典型器物。

3 紅陶垂囊形盉　新石器時代·馬家浜文化

高 14.2　口徑 5.2～5.9 釐米
1959 年浙江嘉興馬家浜遺址出土
現藏浙江省博物館

◆泥質紅陶。器呈垂囊形，上部前端有一注水口，口沿外翻，細頸，弧形腹，圜底，尖狀流。口沿與流之間設一提梁。

◆定級要素：此器造型獨特，較為少見，因殘破修復。

4 陶盆形鼎　新石器時代·仰韶文化·後岡類型一期

高 33　口徑 34 釐米
1980 年河北正定南楊莊遺址出土
現藏河北省文物研究所

◆定級要素：此鼎是後岡一期文化遺存陶鼎的主要形式，且形體較大，保存完整，像這樣完好的器物在新石器時代遺址中出土是不多見的。

◆夾砂紅陶，手製。侈口，寬折沿，鼓腹，圜底，圓柱足。素面。足腹黏接處有捺窩，足根部正面有一壓印的凹槽。◆此器應為炊器。◆此種形制的陶鼎在屬於後岡一期文化的遺址中較為常見，數量較多。河北的後岡一期文化遺址主要集中在冀南地區，除正定南楊莊外，重要的有磁縣界段營、武安趙窯、永年石北口、蔚縣四十里坡下層等。陶器以泥質紅陶為主，其次是夾砂褐陶和灰陶。器表以素面為主，有少量的弦紋、劃紋和彩陶。器形以鉢為主，鼎和罐也是常見的器種，僅次於鉢的數量。

5 陶指甲紋罐 新石器時代·仰韶文化·後岡類型一期

高 8.8 口徑 12.2 釐米
1980 年河北正定南楊莊遺址出土
現藏河北省文物研究所

◆泥質紅陶，手製。斂口，圓唇，鼓
腹平底。器表壓印指甲紋，印痕清
晰、排列有序。◆後岡一期文化的
遺址主要分佈在河北省的中南
部，其特點是彩陶數量少，花紋
簡單，以平行或縱行的條帶紋為
主。"紅頂碗"式陶器最為常見，
主要是圜底鉢和平底碗，另有罐、
粗紅陶鼎、甑、竈 、紅陶雙繫小口
壺、小口長頸平底瓶、陶環、紡輪等。

◆定級要素：此罐器壁較厚，形制較規整。

6 彩陶鉢 新石器時代·仰韶文化·大司空類型

高 8.1 口徑 17.2 釐米
1959 年河北磁縣界段營遺址出土
現藏河北省文物研究所

◆泥質灰陶，手製。斂口，圓唇，鼓肩微折，腹
向內收，小平底。肩腹部用紅彩繪出弧邊三角
紋和植物葉瓣紋，以平行曲線紋相間。◆根據器
形和紋飾特點來看，應屬於大司空類型文化遺
物。河北的大司空文化遺址主要分佈在冀南地
區，較重要的有磁縣下潘汪、界段營、邢台柴
莊、永年名關。陶器以泥製灰陶為主，其次是
泥質紅陶和夾砂紅陶。器表以素面或磨光為
主，紋飾主要是籃紋以及少量的繩紋、劃紋和
堆紋。遺址中還出土了一定數量的彩陶，以紅
彩和棕彩為主，圖案主要有弧形三角紋、平行
曲線紋、蝶鬚紋、水波紋、同心圓紋和鋸齒
紋，主要施於盆鉢類器物上。

◆定級要素：此鉢是大司空類型文化彩陶中最具
代表性的典型器物之一。

7 陶小口尖底瓶　新石器時代·仰韶文化·廟底溝類型

高 72.8　口徑 7.2　腹圍 76.4 釐米
1981 年河北蔚縣三關遺址出土
現藏河北省文物研究所

◆泥質紅褐陶，輪製。小口，雙唇，細頸，溜
肩，腰微束，尖底。器表飾以不規整的細繩紋
和網狀紋。◆此瓶的形制為典型的廟底溝類型遺
物，出土於河北西北部的蔚縣三關遺址。該遺
址還出土有葫蘆口平底瓶和以黑色弧線三角與
圓點紋為主題圖案的彩陶鉢、盆等，也都具有
廟底溝類型遺物的典型特徵。廟底溝類型文化
遺存河北地區發現的不多，除位於冀西北的蔚
縣三關遺址外，早年在曲陽釣魚台遺址也有發
現。1997 年對該遺址進行了正式發掘，獲得了
較豐富的彩陶資料。
◆定級要素：此瓶為河北地區仰韶時期各文化類
型的分佈和傳播提供了非常重要的研究資料。

8 彩陶圓點弧線紋盆　新石器時代·仰韶文化

高 22.6　口徑 38.2 釐米
1956 年河南陝縣廟底溝遺址出土
現藏中國國家博物館

◆泥製紅陶。斂口，寬唇，沿
外翻，鼓腹，下腹內收，平
底。器身飾以赭黑彩，腹
部飾弧線與圓點相結合的
紋樣。

◆定級要素：此器線條簡潔流暢，為廟底溝類型
的典型陶器，因殘破修復。

9 灰陶雞冠耳罐 新石器時代・龍山文化・啞叭莊類型

高 27.2 口徑 18.7 底徑 8.6 釐米
1990 年河北任丘啞叭莊遺址出土
現藏河北省文物研究所

◆泥質灰陶，輪製。肩兩側有對稱的雞冠狀耳，頸、肩部磨光，中腹飾籃紋。

◆啞叭莊遺址龍山文化遺存內涵豐富，屬河北平原地區的華北平原龍山文化系統，在文化面貌上與華北平原龍山文化基本一致，但啞叭莊遺址中出土的陶器也反映出一定的地方特色，如各種型式的雞冠耳罐在該遺址中發現的數量眾多。另外，深腹鬲、小口雙耳球形腹甕、磨光泥質黑陶三足盉、有肩穿孔石刀等，在其他類型的龍山遺址中不見或少見。

◆定級要素：此器反映出啞叭莊龍山遺存的自身特徵，對龍山文化劃分不同的文化類型有重要的意義。

10 彩陶絢繆索紋瓶 新石器時代・大溪文化

高 15.4 口徑 6.4 底徑 6.8 釐米
湖南安鄉出土
現藏湖南省博物館

◆泥質紅陶。喇叭口，深腹，平底。器身施紅色陶衣，上以黑彩裝飾，腹部繪平行的線紋、絢索紋及網紋。

◆定級要素：此器的紋飾為大溪文化晚期所流行，器彩繪有磨損。

11 紅陶折曲紋盤　　新石器時代‧大溪文化

高 6.5 足徑 14 口徑 19 釐米
1978 年湖南安鄉出土
現藏湖南省博物館

◆泥質紅陶。斂口，腹較淺，下置圈足，圈足較高外撇。器身施白陶衣。口沿處壓印一周鋸齒紋，腹外壁也為鋸齒紋，中間印曲折紋。圈足飾上下相對的拱形圖案，圈足下部飾鋸齒紋。

◆定級要素：器形規整，紋飾層次繁縟，因殘破修復。

12 白陶鉢　　新石器時代‧大溪文化

高 6.5 最大腹徑 14 釐米
1979 年湖南澧縣出土
現藏湖南省博物館

◆細泥白陶。口沿處塑四個對稱的"山"形尖角。四角相間處呈半圓狀。腹較淺，平底。

◆定級要素：此器造型新穎別致，是大溪文化較為特殊的陶器，因殘破修復。

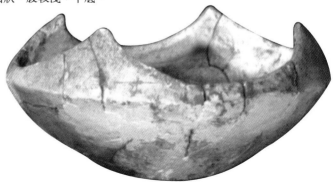

13 白陶雙層口鬶　　新石器時代・大汶口文化

高 36.8 釐米
1978 年山東臨沂出土
現藏臨沂市博物館

◆夾砂白陶。雙層圓口,上小下大,兩口皆為平
沿。上下口之間以五根細陶柱斜撐。下口置一
鳥喙形流,向上斜伸,長直頸,鼓腹,下設三
袋足。頸腹間設一帶形鋬,鋬兩側飾以波浪
紋。腹中部有一圈堆塑的窄帶,用以裝飾。
◆定級要素:此鬶造型獨特,形體修長,雙層
口裝飾更為別致,因殘破修復。

14 彩陶鉢形鼎　　新石器時代・大汶口文化

高 29.1 口徑 29.8 釐米
1970 年山東鄒縣墓葬出土
現藏山東省博物館

◆斂口,淺腹,折腹向內
收,小平底,下附三個微
弧的鴨嘴狀實足。外壁上
以赭紅彩為地繪白色線條
紋,呈"山"形環繞一圈。
◆定級要素:此器造型新穎別致,為典
型的大汶口文化的器物,殘破修復。

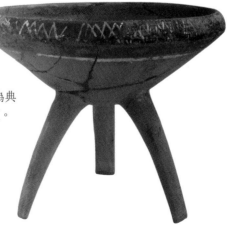

15 彩陶網紋背壺　新石器時代・大汶口文化

高 30.3　口徑 10.4　底徑 6.2 釐米
1959 年山東泰安大汶口遺址出土
現藏山東省博物館

◆泥質紅陶。侈口，短頸，聳肩，鼓腹，平底。
腹上部一側裝對稱寬帶豎環耳，側面腹下部塑
一凸鈕。器施紅色陶衣，上以黑彩裝飾。肩部
飾兩層上下交錯的三角形網紋，腹上部繪菱形
網紋。
◆定級要素：此器結構合理，便於使用，是黃河
下游大汶口文化的典型器，因殘缺修復。

16 彩陶筒形器　新石器時代・紅山文化

高 40　口徑 26 釐米
1979 年遼寧凌源出土
現藏遼寧省博物館

◆泥質紅陶。口微斂，口沿外折，筒形深腹，下
無底。器身以黑彩裝飾，繪有三角勾葉紋。
◆定級要素：此器形制別致，有明快簡潔之感，
而紋飾在紅山文化中較為典型，殘破修復。

17 彩陶螺旋紋雙耳甕　新石器時代·馬家窰文化

口徑 19.7 釐米
1974 年甘肅永登出土
現藏甘肅省文物工作隊

◆泥質紅陶。侈口，短頸，球形腹，腹中下部設對稱的兩個環形鈕，用以穿繫，小平底。器身施紅色陶衣，上以黑彩繪螺旋紋，紋飾空隙處露出四方橙色地。其下繪彩色帶狀紋和垂弧紋。

◆定級要素：此器形制較大，紋飾精美，為馬家窰文化馬廠類型彩陶的代表作，惜有殘破修復。

18 黑陶寬鋬帶流杯　新石器時代·良渚文化

通高 10.4　口徑 9～11　底徑 8 釐米
1983 年江蘇丹陽王家山遺址出土
現藏鎮江博物館

◆泥質黑衣陶，灰胎，侈口，在口沿一側有一做成上斜的流，便於傾注；束頸，腹稍外弧，飾三周竹節狀凸棱，短圈足；器身附一寬體扁環狀鋬手，鋬面近口處鏤刻並列的雙孔，易於繫繩；杯有蓋，弧面，與杯口等形，圓形鈕，鈕面微凹。◆良渚文化主要分佈在太湖地區，鎮江市發現遺物很少。

◆定級要素：此杯造型別致、精美，為新石器時代良渚文化的典型器物。

19 紅陶甕　　新石器時代·屈家嶺文化

高 28.5 口徑 35.6 釐米
1974 年湖南澧縣出土
現藏湖南省博物館

◆泥質紅陶。口微侈，深腹，平底。口沿下堆塑
一周錐釘狀紋樣。◆此甕出土於墓葬中，為甕罐
葬工具。
◆定級要素：此甕對於研究長江中游屈家嶺文化
具有重要的意義，有殘破修復。

20 黑陶小口長頸壺　新石器時代·屈家嶺文化

高 11.5 口徑 2.4 釐米
1978 年湖南安鄉出土
現藏湖南省博物館

◆泥質黑陶。口微外撇，圓唇，直頸，闊肩，扁
腹，腹下部向內急收，下連高圈足。圈足鏤雕
花紋。◆此器出土時，口部倒扣一平底薄胎黑陶
杯。
◆定級要素：此器形制是洞庭湖和鄂西地區最具
有代表性的陶器，有殘破修復。

21 白陶鬶　　　　　新石器時代

通高 19 口徑 8 腹徑 42 釐米
1960 年安徽蕭縣花家寺遺址出土
現藏安徽省博物館

◆泥質白陶。敞口，細長頸，扁帶形鋬，三袋
狀足，腹中部有鋸齒形堆紋一周，陶胎薄而細
膩。◆花家寺遺址是一處新石器時代遺址。曾出
土有陶鬲，石斧、石錛、石箭鏃、蚌鐮、骨針、鹿角等遺物，屬大汶口文化類型，該遺址被列為安徽省級重點文物保護單位。
◆定級要素：此鬶是花家寺遺址中發現的較為精緻的陶器。因殘缺修補。

22 紅陶淺盤三足匜　　新石器時代

通高 14.6　口徑 32.6 × 34.4 釐米
1981 年江蘇句容城頭山遺址出土
現藏鎮江博物館

◆泥質紅陶。器身呈淺盤形，前面有流，流口部
向前平直伸出，以便於水的傾注，盤下設三寬
扁足，足面刻劃短豎線紋。句容城頭山遺址，
相當於新石器時代崧澤文化晚期。

◆定級要素：此匜造型奇特，為遺址中少見。

23 紅陶直頸磨光罐　　新石器時代晚期

高 13　口徑 7.3　底徑 6 釐米
1961 年江西修水山背遺址出土
現藏江西省博物館

◆修水山背遺址屬東南地區新石器時代一處有代
表性的文化遺存，經 C_{14} 測定，其年代距今約
有四千多年。

◆定級要素：此罐造型規整，打磨光滑，
代表了當時陶器製作的水平，屬該遺址
的典型器。惟口沿有破損。

24 紅陶印紋圓底罐　　新石器時代晚期

高 13 口徑 8.9 釐米
1961 年江西修水山背遺址出土
現藏江西省博物館

◆圓腹圜底，器表拍印編織紋。◆印
紋陶流行於南方，特別是東南地
區，其特點是在胎體表面以拍印
的方法裝飾各種幾何紋樣，創燒
於新石器時代晚期。
◆定級要素：此罐是迄今發現的最
早的印紋陶罐，彌足珍貴。因殘損修
復。

25 硬陶迴紋雙耳罐　　青銅時代

高 16 口徑 16.4 底徑 12 釐米
1975 年福建閩侯黃土侖遺址墓葬出土
現藏福建省博物館

◆泥質灰陶。口微斂，寬沿，短頸，鼓腹，平底
微凹。頸腹部設對稱帶狀雙耳及對稱雙鈕。腹
部拍印迴紋。
◆定級要素：此器造型勻稱，紋飾精細清晰，是
黃土侖類型的典型器，因殘破修復。

26 硬陶迴紋單鋬壺　　青銅時代

高 23 口徑 11.6 底徑 12 釐米
1978 年福建閩侯黃土侖遺址墓葬出土
現藏福建省博物館

◆泥質灰陶，胎質堅硬。侈口，有流，粗頸，寬
肩，扁腹，腹下部內收，下置喇叭狀圈足。口
沿與肩部設有一帶狀 鋬。頸部刻劃三角形紋，
肩腹部拍印
迴紋。
◆ 定 級 要
素：此器造型
規整，遺址墓
葬出土，有殘
破修復。

27 紅砂陶鬲　　　西周

通高 32.6　口徑 31.2 釐米
1974 年江蘇句容天王公社浮山果園 1 號土墩墓出土
現藏鎮江博物館

◆夾砂紅陶。圓口微斂，唇
沿外侈，弧襠高，足呈袋
狀。器表素面無紋飾，器底
有煙熏痕跡。◆紅砂陶鬲形
制是仿中原地區青銅器造
型，又具有地方特色。
◆定級要素：此器為湖熟文
化的典型器物。

28 硬陶幾何印紋甕　　　西周

高 40.5　口徑 22　底徑 27 釐米
1975 年江蘇溧水水烏崗西周墓出土
現藏鎮江博物館

◆硬陶。小
口，捲沿，短
頸，鼓腹，下
腹內收，平
底。頸部飾弦
紋，通體拍印迴紋，肩部及上腹部飾青銅紋飾
三周。
◆定級要素：此甕製作極為規整精緻，為南方印
紋硬陶典型器，較為少見，殘缺修復。

29 印紋陶瓿　　　西周

高 6　口徑 9.1　底徑 7.5 釐米
1965 年安徽屯溪西郊土墩墓出土
現藏安徽省博物館

◆泥質陶。敞口，捲唇，短
頸，扁圓腹，平底。頸部刻
弦紋數道，肩有四組圓泥
餅形鈕，器腹印細方格
紋。◆此瓿為古代貯水、
盛酒的器皿。◆西周時期

的瓿多仿青銅瓿的造型。進入東漢以後，陶、
瓷瓿已不再流行，為罍所替代。
◆定級要素：此瓿經修復。

30 黑陶磨光方耳三足鼎　　春秋

高 8.9　口徑 11　足高 4 釐米
1979 年江西貴溪漁壙水岩 3 號墓出土
現藏江西省博物館

◆此鼎造型古樸，挺拔，器表打磨
光亮，與銅器十分相像，惟掂重
量方知為陶器。春秋晚期至戰
國，陶器製作流行仿製青銅器的造
型和紋飾。

◆定級要素：此鼎為當時的代表性作
品，反映了地區製陶業的高超技藝。
惜口沿部有磕損。

31 黑陶雲雷紋獸首鼎　　戰國

高 14.7　口徑 13.2 釐米
1979 年江西貴溪墓葬出土
現藏江西省博物館

◆泥質灰陶。器為匜形，
口微斂，平沿外折，
腹部微鼓，底近平，
下設三獸狀足。器身通
體飾雲雷紋。口沿兩側設
有方形豎耳，口沿一側塑成
獸首形。

◆定級要素：此器造型仿自青銅器，古樸端莊，
惜有傷殘。

32 彩繪陶方奩 　戰國

通高 51.2　口邊寬 22.8 釐米
1964 年河北易縣燕下都墓葬出土
現藏河北省文物研究所

◆泥質紅陶，方口，直唇，鼓腹，平底，下有方形高座。上有覆斗式方形蓋，蓋四角各塑有一獸，腹部兩側塑把手，呈獸形，獸首戴高冠。方座頂部四角塑階梯狀隆起，四面堆塑出戟紋，器身飾卷雲紋、鱗紋等。為仿青銅器的陶質禮器。

◆定級要素：此器形制高大，製作精緻，較為少見，惜有殘破修復。

33 黑陶磨光壓劃紋鼎 　戰國 · 中山

通高 41.2　最大徑 39.4 釐米
1977 年河北平山三汲鄉中山王𰯼墓出土
現藏河北省文物研究所

◆斂口，鼓腹，三蹄足，口沿雙附耳，蓋上有等距斜立的三長形鈕，下部有一圓孔。器形敦實穩重。腹部以凸弦紋為界，上腹有一周變形虎紋作奔跑狀連續排列，虎背上方有對應卷雲紋，紋中皆填以細密的波折紋。虎爪飾"S"形紋。整件器物除壓劃紋和弦紋外，其餘皆磨光。◆此器紋飾典雅，勻稱流暢，虎紋生動活潑，富於中山國的特色。磨光極細膩，烏黑發亮。此陶鼎胎質仍屬灰陶，但經特殊工藝的處理，即在坯胎半乾時，用濃煙熏黟，經反復打磨、壓劃各種花紋燒製而成，戰國時期磨光黑陶在河南輝縣琉璃閣、固圍村等地也發現過，但精美程度遠不及此。

◆定級要素：中山王𰯼墓出土的這類陶器屬重要禮器，是研究戰國時期中國北方陶器的重要資料。

34 彩陶三足帶蓋壺　　　戰國・燕

高 21　口徑 8 釐米
1978 年河北易縣燕下都辛莊頭 30 號墓出土
現藏河北省文物研究所

◆泥質灰陶，施白色陶衣。有蓋，敞口，平沿，
一側有流。長頸，鼓腹，圜底，方柱形矮實
足，外撇。蓋呈桃形，一端作獸頭狀。蓋內附
貼一手製螭虎。肩部兩側各附貼一倒蹄形把
手，蓋面及壺身朱繪圓點紋和卷雲紋。

◆定級要素：此器造型獨特，與中原文化同類器
物相比有較大區別，顯示了戰國陶器的地域性
和燕國器物的特徵。

35 黑陶磨光壓劃紋圓壺　　戰國·中山

通高 52.7　口徑 15.9　腹徑 27.3 釐米
1977 年河北平山三汲鄉中山王𡐌墓出土
現藏河北省文物研究所

◆敞口，束頸，溜肩，鼓腹，假圈足。上有鼓蓋，蓋面斜立三長形鈕，鈕下有一圓孔。蓋頂心磨光，其下以十一個三角圍成多角星紋，蓋面磨光帶下飾內填波折紋的對應卷雲紋和"S"紋，其下兩道弦紋，周邊磨光。壺身飾多道弦紋和內填橫線的對應卷雲紋，黑色磨光帶上均有數道弦紋。◆此器為等級較高的隨葬品。
◆定級要素：器身修長，紋飾優美，給人以賞心悅目之感。

36 黑陶磨光壓劃紋蓋豆　　戰國·中山

通高 35.8　最大徑 22.9 釐米
1977 年河北平山三汲鄉中山王𡐌墓出土
現藏河北省文物研究所

◆全器分豆盤和豆蓋兩部分。豆盤子口內斂，深腹外鼓，圜底，細短柄，喇叭形座。蓋上有束腰短柄，頂端捉手為圓餅形。蓋柄磨光，蓋面飾凹弦紋及三角形紋；圓捉手上飾"S"形紋及卷雲紋；另豆盤、盤下腹、底座等飾有弦紋、卷雲紋和三角形紋等。
◆定級要素：器身造型秀美，磨光和壓劃紋飾精緻，富於變化，為同類器中較精美者。

37 黑陶磨光壓劃紋鴨形尊　　　戰國 · 中山

通高 27.8 長 36.2 釐米
1977 年河北平山三汲鄉中山王𰯼墓出土
現藏河北省文物研究所

◆小口，直唇，圓
鼓腹，平底，有
蓋。形似鴨。腹
前有鴨首形流，曲頸前
伸，扁嘴微啟，雙目鼓
突，炯炯有神。腹下有短
粗的雙腿，蹼腳扁長。器蓋較
低，上斜收為餅形捉手。蓋面、
器身、腹部飾卷雲紋、"S" 紋等。

◆定級要素：此器造型優美，較為
獨特，壓劃和磨光技巧精湛，烏
黑鋥亮，紋飾流暢，是中山
王𰯼墓出土陶器中的
佼佼者。

38 黑陶磨光壓劃紋盤　　　戰國 · 中山

高 11 直徑 38 釐米
1977 年河北平山三汲鄉中山王𰯼墓出土
現藏河北省文物研究所

◆口略內斂，平折沿，弧壁，圜底，圈
足。折沿處飾交叉的 "S" 形紋。盤內
壁滿飾壓劃紋，腹部飾內填波折紋的對應
卷雲紋和三角形紋各一周，其間飾以磨光帶
及凹弦紋。內底部及外壁磨光，無紋飾。

◆定級要素：此器盤體較大，花紋繁縟考究。

39 黑陶磨光壓劃紋匜　　　戰國 · 中山

高 6.1 徑 23.2 釐米
1977 年河北平山三汲鄉中山王𰯼墓出土
現藏河北省文物研究所

◆敞口，淺腹，圜
底，假圈足，圓盤，
前有簸箕狀長流，後有
圓鈕狀鋬。流上密佈波
折紋，內壁磨光帶下飾交叉

的 "S" 形紋，相間一道凹弦紋後又有一個由十
一個三角形圍繞而成的多角星紋。底部及外壁
磨光無紋飾。

◆定級要素：此器的紋
飾簡單又不失呆板，
壓劃紋
線條勻
稱流暢。

40 黑陶磨光壓劃紋筒形器　戰國‧中山

高 24.2　徑 16.6 釐米
1977 年河北平山三汲鄉中山王嚳墓出土
現藏河北省文物研究所

◆口外敞，折沿，頸部稍收，腹部略鼓，平底，
圈足。口、頸，下腹及底部磨光，其餘壓劃的
紋飾為折沿處飾一周"S"形紋，頸部以下飾三
組紋飾，上下兩組均為"S"形紋間以波折紋，
三組紋飾以壓印有雙凹弦紋的磨光帶間隔。磨
光和壓劃紋相互陪襯，構成和諧圖案，使之具
有嫻靜典雅之感。

◆定級要素：器型敦實，比較少見。

41 黑陶磨光壓劃紋碗　戰國‧中山

高 11.2　直徑 16.5 釐米
1977 年河北平山三汲鄉中山王嚳墓出土
現藏河北省文物研究所

◆斂口，深腹，圜底，假圈足，碗壁較
厚。外壁口沿和腹部飾磨光帶，其間上
下壓一道凹弦紋，中間壓劃交叉的"S"
紋帶作為其主紋。內壁除磨光外，中部
飾一圈"S"紋。

◆定級要素：此器紋飾簡約，磨光精緻。

42 釉陶騎馬武士俑　　　西漢

高 34 長 29.5 釐米
1969 年河南濟源墓葬出土
現藏河南博物院

◆泥質灰陶。馬四腿直立於地，雙耳聳
起，昂首嘶鳴。馬尾上翹，背部有鞍。
馬施以褐釉。馬上騎一武士，頭頂挽髻，身
穿廣袖衣衫，雙臂呈彎弓搭箭狀。通體施紅、
褐色彩，面部和臂部塗白粉。
◆定級要素：此器以簡潔的塑造，表現武士彎弓
搭箭的姿態。為漢代釉陶的典型器，較為常
見。

43 彩繪女立俑　　　西漢

高 24.8 釐米
1960 年河北邯鄲彭家寨西漢墓出土
現藏河北省文物研究所

◆泥質灰陶，外敷白色陶衣，上施紅黑彩。女俑
髮分中縫，側梳向後挽圓形髻，垂於頸部。面
長圓，長眉細目，直鼻，小口塗朱。身穿高領
雙重深衣，袖手而立，下襬寬大呈喇叭狀，曳
地。女俑髮、衣、裙塗黑彩
或紅彩。背微彎，腿略
曲，神態謙卑，應為
女侍。

◆定級要素：此女立俑
彩繪鮮豔，其髮式和
服飾均為當時成年婦女
中普遍流行的樣式，具
有較廣泛的代表性，
且保存完好。

44 彩繪陶馬　　　　　　　西漢

高 60　長 70 釐米
1984 年江蘇徐州獅子山兵俑坑出土
現藏徐州漢兵馬俑博物館

◆泥質灰陶。馬呈站立狀，雙耳聳立，雙目凸
出，鼻翼鼓張，嘴微合。頸挺直，頸上剪鬃，
脊骨微凹，臀部寬而肥厚，圓蹄。此馬為拼接
而成，頭頸、身軀為雙模製作，四肢和尾部均
為模製實心體。◆此器出土時共有四馬，同向並
列。

◆定級要素：此器有傷殘修復。

45 綠釉陶鼎　　　　　　　東漢

高 18.2　口徑 15.5　足高 4 釐米
1960 年江西南昌東漢墓出土
現藏江西省博物館

◆鼓腹，矮足，環耳，帶蓋，整體呈爐式，外壁
光素無紋。施綠釉，呈翠綠色。

◆定級要素：此陶鼎的器形、釉色等均屬東漢時
期綠釉陶器中的佳品，特別是造型較為少見。
一耳破損，鼎身部分釉脫落。

46 陶帶流瓿　　　　　　　東漢

高 19　口徑 10　腹徑 26 釐米
江蘇鎮江南門出土
現藏鎮江博物館

◆硬陶。直口，鼓腹，下腹內收，平底。一側為
鋪首耳，鋪首上刻獸面紋，獸兩目圓睜，神態
逼真，另一側設方流。肩腹部為二組弦紋，中
間夾有刻劃紋，上半部施半釉。

◆定級要素：此器質地堅硬細膩，器型別致罕
見。

47 綠釉陶鋪首弦紋尊　　東漢

高 15　口徑 19.5　底徑 20.1 釐米
1960 年江西南昌東漢墓出土
現藏江西省博物館

◆造型仿銅器，器身通體施低溫鉛釉，呈翠綠
色。腹部塑一對獸首銜環鋪首，並輔以兩道弦
紋為裝飾。◆器身翠綠釉色的出現，為後來彩瓷
的發展奠定了基礎。◆此器為酒具。

◆定級要素：此尊為墓葬出
土，時代特徵明顯，可作斷代
標準器。內底中央和器壁有
裂痕。

48 硬陶把杯　　東漢

高 9.8　口徑 11.9　底徑 10.5 釐米
1967 年江蘇高淳千家墩東漢墓出土
現藏鎮江博物館

◆圓唇，直腹，平底，腹部有環形把手，口沿下
為波浪紋，器表光澤柔和。
◆定級要素：此杯質地細密，造型規整，墓葬出
土，較為罕見。

49 釉陶堆塑人物盤口瓶 東漢

高 50.1 足徑 21 釐米
1978 年浙江海鹽丁升墓出土
現藏海鹽縣博物館

◆泥質紅陶。盤
口，細頸，葫蘆
形腹，圈足。器
身塑有人物、飛
鳥、走獸、鋪首
等紋樣。其中男
女合掌似在祈
禱，飛鳥昂頭挺
頸，神采奕奕，
走獸左顧右盼，
形態生動。通體
施青釉。◆此瓶為隨葬明器。

◆定級要素：此瓶形制較大，塑像精美，惜殘破
修復。

50 彩繪陶倉樓 東漢

通高 70 面寬 52 進深 20 釐米
1963 年河南密縣墓葬出土
現藏河南博物院

◆泥質灰陶。通體以白色為地，上繪紅、黑、赭
三彩。單簷歇山式兩層樓房，頂與器身可分
拆。皆有彩繪。右繪有方形窗戶。門下為平台
和欄杆，平台一端繪有樓梯。樓梯左側繪有收
租圖，右側繪有一隻綿羊。兩側牆壁繪佩劍與
執篲者，後壁為餵馬圖。◆此器出土時內盛有粟
粒，與前後壁的彩繪結合來看，呈現了一幅完
整的漢代農業場景畫。

◆定級要素：該倉樓是研究漢代農業生產、建築
裝飾的重要參考資料，惜彩繪剝蝕較重。

51 綠釉陶水亭　　東漢

通高 54　寬 45 釐米
1972 年河南靈寶墓葬出土
現藏河南博物院

◆整體為二層亭閣立於水池之中。此器下方為一
方形水池，水池中間立二層樓閣。樓閣頂為四
角攢尖頂。二層以四根方形柱支撐，柱外各塑
一人，其中正面兩個為立姿持械武士，背面坐
姿二人。一層三面開門，另外一面為欄格狀牆
壁，其中坐一人。其下部平座四角各有
一裸體坐姿人物形象。水池內外有青
蛙、龜、魚和鴨等。水池四角各設一
小方亭。通體施綠釉。

◆定級要素：此器是集瞭望、防禦和監
視功能於一體的建築，在漢代陶器中
較為常見。

52 干欄式陶屋　　東漢

通高 53　面闊 39.5　進深 31 釐米
1978 年貴州赫章出土
現藏貴州省博物館

◆屋室兩間，建於長方形基座之上，
由四根方柱支撐底板下橫枋。有前廊
和後室之分，中隔板壁，開單扉
門。廊間一方形立柱，下有礎，上
設人字拱以承托簷枋，四周牆壁刻劃柱、
枋等紋。廊沿正面有護欄。屋下置雙碓一
架，可加工穀物。

◆定級要素：干欄式建築是西南地區少數
民族代表性建築物，此器為研究干欄式建築提
供了重要資料，惜殘破修復。

53 陶重簷廡殿式雙層屋　　東漢

高 39　寬 45.5　深 31.5 釐米
江蘇高淳固城東漢墓出土
現藏鎮江博物館

◆陶屋共兩層，每層都是獨立的結構單元。第一
層有欄杆，三面迴廊，以一斗二拱支撐屋簷，
牆上開門，兩旁各有一個鋪首；上層屋身上有
窗，窗飾以幾何圖案。屋頂為廡殿式，屋角微
翹，出簷較大。

◆定級要素：該陶屋具有南方樓房的風格，對研
究漢代建築有一定價值，為明確墓葬出土。

二級品·漢

54 綠釉陶磨房　　　　東漢

高 14　面寬 27　進深 12.7 釐米
1972 年河南靈寶墓葬出土
現藏河南博物院

◆房為單簷硬山式頂，前
後簷面上刻劃瓦壟狀。
房面闊三間，進深一
間，前面全開，其餘三
面有牆。屋內左右兩端各
有一人，左邊一人立於一
碓舂後執碓舂米，右邊一
人操作磨盤；房中間放有
一簸箕和兩個小臼。◆此器
生動地表現了東漢時期農民
加工糧食的場景，是當時真
實的生活寫照。

◆定級要素：漢代有關農業生產的隨葬陶器多
見。

55 陶畫像井　　　　東漢

長 24.8　寬 17.5　高 15.1 釐米
1971 年河北保定工讀學校撥交
現藏河北省文物研究所

◆泥質灰陶，陶質細膩堅硬，表面塗一層銀粉，
呈磚灰色。陶井呈"井"字形井欄，上有兩個榫
眼，可能是安裝井架用的。井沿四周和井身四
壁滿飾淺浮雕紋樣。井壁正面塑一老者形

象，兩側菱形框內有陽文四字"東井滅火"。井
壁背面主題紋飾為一牛紋，作低首飲水
狀。井壁左側面為一驢子飲水圖
像。帶有"東井滅火"字樣的陶
井在河南等地的東漢墓中也有
發現，可以認為當時已有滅
火消防功能的專用水井。◆
此器的井沿、井壁上的淺
浮雕畫面內容豐富，人
物、家畜、家禽等形象眾
多，生動寫實。

◆定級要素：此器的邊緣裝飾紋帶
圖案工整對稱，為漢畫中較為精美
者。

56 綠釉庖廚陶俑　　　　　東漢

高 24.5 釐米
1965 年河北滿城北莊漢墓出土
現藏河北省文物研究所

◆泥質紅陶，白色陶衣，通體施綠釉。廚夫呈跪
坐式，頭戴拱頂圓帽，臉扁平，粗眉大眼，眉
骨隆起，扁鼻，嘴角翹起，面帶笑意。身穿右
衽高領寬袖衣，衽上刻飾密集的豎線紋，腰束
帶。雙袖高高挽起，兩膝向後彎曲，雙腳壓於
臀下，跪坐於長條形几案前。案上置一家禽，
似鴨。廚夫雙臂前伸，右臂略彎，搭於案上，
雙手作用力宰割狀。
◆定級要素：庖廚俑造型生動、寫實、富有生活
氣息，且保存基本完好。

57 彩繪陶舞蹈男俑　　　　東漢

高 15.9 釐米
1965 年河南洛陽墓葬出土
現藏洛陽博物館

◆泥質灰陶。頭戴方冠，雙目仰視前方，上身裸
露，雙手向上平舉，肘部彎曲。下身穿肥大長
褲，右腿微曲
踏地，左
腿抬起。
俑施朱
彩。
◆定級要素：此
俑作舞蹈狀，姿
態優美，極富
動感。

58 彩繪陶踏鼓舞女俑　　　東漢

高 15 釐米
1965 年河南洛陽墓葬出土
現藏河南省文物工作隊

◆泥質灰陶。俑身施朱彩。頭梳三髻，雙目仰
視。身穿長袖襦衣，上身前傾，雙臂小臂彎
曲，左手在前，右手在後。
長袖前袖下垂，後袖飄
起，正在舞動。下身穿肥
闊長褲，外罩短裙，腿
呈弓部，左前右
後，左足踏
鼓。
◆定級要
素：此
俑生動地表現
了漢代踏鼓
舞形象。

59 彩繪陶乳婦俑　　東漢

高 21.5 釐米
1942 年四川彭山墓葬出土
現藏南京博物院

◆泥質灰陶。臉繪白彩，衣飾朱彩。俑為坐狀，
頭梳高髻，面含微笑。身穿寬鬆長衣，懷抱嬰
兒，正在哺乳。婦俑面部表情祥和，刻劃出了
婦人哺乳時的慈愛心態。

◆定級要素：俑形制較小。

60 灰陶繩紋三足爐　　東漢

高 9　口徑 15.3　足高 4.5 釐米
1960 年江西南昌東漢墓出土
現藏江西省博物館

◆器身為淺腹圓盤形，盤口飾水波紋，外壁裝
飾兩道凸繩紋，紋飾規整。底設
三足，既穩定支撐爐身，
又將爐體與地面隔開，
形成通風空間。

◆定級要素：此器整體
造型簡潔、流暢，為東
漢陶器中的佳作，惟素
胎。

61 硬陶香熏　　　　東漢

通高 13.7　腹徑 12 釐米
1977 年江蘇丹徒東漢墓出土
現藏鎮江博物館

◆硬陶。直口，淺腹，短柄，圓餅足，有蓋，蓋面為三角形鏤空，蓋鈕立一鳥。

◆定級要素：此器造型規整，優美，為墓葬出土，保存比較完好。

62 褐釉陶竈　　　　東漢

長 24.5　寬 16.7　高 7.5 釐米
1957 年河北邯鄲百家村東漢墓出土
現藏河北省文物研究所

◆泥質紅褐陶，外施黃褐色釉，器型、釉色都很豐富。竈呈長方形，竈頭有火門，上有斜坡狀遮簷，竈頂安置三鍋，竈尾有豎牆，牆上塑出折曲的煙道。竈四壁等處均飾幾何形圖案。◆陶竈是東漢墓葬中常見的明器模型之一，在漢代爐竈的使用已很普遍。

漢代釉陶最早發現於陝西關中地區的西漢墓中，東漢時期釉陶得到了很大的發展。

◆定級要素：釉陶竈保存完好，花紋排列有序，釉面均勻，有光澤。

63 灰陶狗　　　東漢

高 36.2　身長 41 釐米
現藏河南博物院

◆泥質灰陶。狗為立姿，身體
肥壯，短頸，尾上捲，四肢
短粗，雙耳豎起，向前半
垂。口大張，做吠叫狀。
◆定級要素：此狗的神態
威猛，形象逼真，但漢代
陶狗較多見。

64 跽坐陶俑　　　漢

高 8.4～8.6 釐米
安徽省出土
現藏安徽省博物館

◆俑為跽坐式，長髮盤旋於前
額形成高髻，鼻梁高聳，
髭鬚至腮，腹部碩大，雙
手垂於膝前，身着半
臂上衣，下穿長
褲，腳蹬長靴，毫

髮畢現。◆整個人物造型寫實而略作誇張，裝束
刻劃細緻入微，共四件，形制略同。
◆定級要素：因非科學發掘，出土情況不明。

65 黃釉陶塢　三國·吳

通高 18　寬 51　進深 44 釐米
1967 年湖北鄂城孫將軍墓出土
現藏鄂州市博物館

◆泥質灰陶。院落橫截面呈長方形。由圍牆、門樓、前堂、正房、廂房等十四部分組成。正面大門建門樓，五脊廡殿式頂，頂面劃瓦紋。簷頭有瓦當，四壁各開一窗。後牆正中開一後門。院子四角各有一角樓，高低與門樓一致。從大門進為前廳與正房，左右為廂房。其中門樓內刻"孫將軍門樓也"六字，由此可知，此院為孫將軍生前居住的塢堡模型。

◆定級要素：此器是研究三國吳建築的珍貴資料，墓葬出土，惜殘破修復。

66 灰陶五聯罐　三國·吳

通高 25.2　口徑 6　腹徑 24.9　底徑 11.6 釐米
江蘇高淳化肥廠東吳墓出土
現藏鎮江博物館

◆泥質灰陶，胎土較疏鬆。直口，鼓腹，下連一大罐，大罐為鼓腹，下腹內收，平底；在肩部四周各設有一小罐，形制與大罐同。

◆定級要素：此罐造型端莊，佈局對稱工整，較為少見，對研究堆塑罐的發展演變有一定價值，為墓葬出土。

67 彩陶駱駝及牽駝俑　　北魏

俑高 17.3 駝高 17.5 長 23 釐米
1975 年內蒙古呼和浩特鮮卑墓葬出土
現藏內蒙古自治區博物館

◆泥質灰陶。人俑頭戴風帽，身穿窄袖中衣。立於一方座上，雙手伸直腹前呈握繩狀。從人物特徵來看，應為胡人。駝俑頭部上伸，似在張嘴嘶鳴。背部雙峯，四肢短粗。人與駝都為白粉塗地，紅彩繪飾。

◆定級要素：此器造型別致，反映出北方少數民族藝術風格，惜彩繪剝蝕。

68 陶鎮墓獸　　北魏

兩件。分別高 29.4、31 釐米
1964 年河北曲陽喜峪村北魏正光五年（524年）高氏墓出土
現藏河北省文物研究所

◆夾砂紅陶，外施灰色陶衣。兩獸形制基本相同，均作蹲臥狀，一為人面形，一為獸面，均雙目圓睜，張口露齒。◆根據墓誌記載，墓主人為持節征虜將軍營州刺史長岑侯韓賄夫人高氏，葬於北魏孝明帝正光五年（524年）。因此墓有明確紀年，陶鎮墓獸的出土就顯得更為重要。

◆定級要素：此器為研究鎮墓獸成對出現的起始年代、以及在形制方面的發展變化情況提供了重要的實物資料。

69 陶薩滿巫師俑　　東魏

高 29.8 釐米
河北茹茹公主墓出土
現藏河北省磁縣博物館

◆俑頭戴紅色渾脫
帽，身穿圓領廣袖
曳地長袍，左手持
鋸齒狀法器，右手
向前抬起，作婆娑起
舞狀。長鬚飄灑，面帶
微笑。
◆定級要素：此墓出土陶俑雖多，巫師形象較為
少見，對研究早期巫教是重要的參考資料。

70 女陶俑　　東魏

高 19.8 釐米
1974 年河北磁縣東陳村出土
現藏河北省磁縣博物館

◆俑頭髮束起，於頭頂成
髻，身穿黃色寬袖長
衫，雙手拱於胸前。
◆定級要素：此俑的面
部表情祥和，依服
飾似為尼姑形
象，較為少見。

71 彩繪陶駱駝　　北齊

高 29.1 釐米
1955 年山西省太原張肅俗墓出土
現藏中國國家博物館

◆泥質灰陶。駝昂首挺頸，口微張，似在鳴叫，
雙目平視前方。頸部較長，背上馱有
絲綢等貨物，四肢細長，立於踏板
上。駝身塗淺黃彩，貨
物施白彩。
◆駱駝，
古時也稱
橐駝，
在南北
朝以後
漸多。
◆定級要
素：此駝俑
製作精緻，
體形勻稱。

72 陶舞蹈俑　　　北齊

高 28　寬 14 釐米
1987 年河北磁縣灣漳北朝墓出土
現藏河北省文物研究所

◆泥質灰陶，表面施白色陶衣，上塗紅彩。頭身分製。頸部留出空心，後將頭部插入。舞俑頭戴小冠，身着右衽廣袖衫，下着長裙，腰繫帶，衣衫和長裙均塗紅彩。◆灣漳墓為一墓室規模宏大的北齊皇陵，出土隨葬品二千餘件，其中陶俑就有一千八百多件。舞蹈俑共出十三件，服飾、姿態基本相同，只是冠飾有小冠和籠冠之分。

◆定級要素：此件舞俑廣袖長裙，舞姿優美，黑冠紅裳，觀之令人賞心悅目。

73 陶牛車　　南朝

通高 22　長 45　寬 27 釐米
1973 年江蘇鎮江何家門自來水廠工地南朝墓出土
現藏鎮江博物館

◆泥質灰陶。捲棚式車廂，
兩輪雙轅，牛四足前撐
佇立，如戛然停車狀。
◆以牛車代步，是南朝社
會的時尚，在這種社會風氣的
影響下，陶製牛車模型成了南
朝墓中常見的隨葬品。

◆定級要素：此件陶牛車墓葬出土，造型生動，
保存較好。

74 陶馬　　南朝

高 21.7　長 21.7　寬 11 釐米
1973 年江蘇鎮江何家門自來水廠工地南朝墓出土
現藏鎮江博物館

◆泥質灰陶。馬作昂首直立，引頸向上狀，胸肌
寬闊，形體優美。鞍韀俱全，裝飾華麗。◆南朝
墓中常見隨葬灰陶明器，如陶牛車、生活用具
等。
◆定級要素：陶馬的出土較為少見。

75 彩繪陶執箕女俑和磨　　隋

人高 12　磨高 7　磨盤徑 12 釐米
1959 年河南安陽張盛墓出土
現藏河南博物院

◆磨仿石磨造型，磨盤下為圓
筒狀底座。磨旁坐一女俑，
頭梳平髻，身着長裙，裙帶
垂於胸前。雙手持箕，施以
紅、綠兩彩裝飾。◆此器塑
造了穀物加工的場面，充
滿了濃郁的生活氣息，是

對先民生活的真實反映。
◆定級要素：此器為明確墓葬出土，但此類陶俑
多見，彩繪剝落。

76 陶按盾守門武士俑　隋

高 50 釐米
1973 年安徽合肥郊區隋開皇六年（586 年）墓出土
現藏安徽省博物館

◆用陶俑陪葬在秦至唐代貴族墓葬中較流行，主
要根據各時期官吏的形象雕塑而成，以顯示死
者生前顯赫的地位。此俑出土於墓中，該墓共
出土了近四十件陶塑，為研究隋代的墓葬習俗
和陶塑藝術提供了寶貴的實物資料。

◆定級要素：在出土的陶俑中，只有兩件為守門
武士俑，一則手按盾，一則手執兵器（所執兵
器已脫落）。一為張
口鼓目，面帶笑
容，一為豎眉鼓
眼，臉為怒容。
其中一件完整者
定為一級品。此俑
殘損。

77 彩繪立形武士俑　唐

高 65.2 釐米
1970 年河北元氏縣宋曹鄉大孔村唐垂拱四年（688 年）
墓出土
現藏河北省文物研究所

◆俑採立姿。頭戴虎形兜鍪。虎面猙獰，張口露
齒，從虎口中露出武士的面部，武士蹙眉睜
目，高鼻大口，口塗朱。唇上留有八字鬍鬚，
直鬚絡腮鬍垂於頷下。肩披長圓形披膊，膊上
繫巾，雲頭結。身穿鎧甲，花瓣紋圓形護胸，
內套窄袖衫。胸前有橫豎
相扣的十字形束革帶。
下着雙層腿裙。右手叉
腰，左手握貼於胸前，
足蹬圓頭靴，下踏方
形台座。鎧甲上施紅
彩，衣襬部墨繪
雲氣紋。

◆定級要素：此
俑全身比例勻
稱，表情威
猛，時代明確，
且保存完好。

78 彩繪陶黑人俑　　唐

高 11 釐米
1948 年陝西西安裴氏小娘子墓出土
現藏陝西省博物館

◆俑捲鬈髮，眼睛大而略向外凸，厚唇，頭向右偏，臉部塗黑色。上身赤裸，肩部聳起，腹部外挺，右手握腰帶，左手下垂。下穿紅色短褲，腳呈八字立於長方形台座上。

◆定級要素：此俑刻劃細緻，形象逼真。唐代陶俑中黑人俑非常罕見，墓葬出土，惜受浸剝落較重。

79 彩繪陶黑人俑　　唐

高 10 釐米
1948 年陝西西安裴氏小娘子墓出土
現藏陝西省博物館

◆捲髮，面部豐滿，雙目圓睜，向外凸出，平視前方。上身穿交襟長袖袍，袖上部寬肥，至袖口處漸收窄。袍前襟縛於腹間。兩腳呈八字狀立於方座之上。

◆定級要素：此俑形象生動，較為少見，是研究唐代海外交流重要的參考資料，墓葬出土，惜彩繪有剝落。

80 彩繪陶鞍馬　唐

高 49　長 39 釐米
河南鞏縣出土
現藏河南博物院

◆白色馬身，馬頭從左方向後
回望，剪鬃束尾，額前一縷長
鬃中分，四肢強壯，前腿直
立，後腿微曲。馬具齊全，口角
銜鑣，面部絡頭飾杏葉狀飾物兩
枚，胸前為五枚，股後為八枚。馬背
鞍上鋪有紅色薄毯。
◆定級要素：此馬比例勻稱，神采奕奕，為
唐代陶塑的代表作，惜彩繪剝落。

81 彩繪陶牛車　唐

車高 26　長 16　寬 10　牛高 15 釐米
1958 年河南鄭州墓葬出土
現藏河南博物院

◆車頂兩端上翹，為捲棚式，向前後伸出成
簷。車廂正面右側有一開門，供人進出。車
左右兩輪較高。車前一白牛架車，體形粗健，
雙角豎起，站立於地面。車頂棚和車輪繪黑
彩，四周廂壁繪紅彩。

◆定級要素：此車為南北朝以後牛車的典型形
制，惜彩繪剝落。

82 黃釉陶牛及牛槽　　　唐

牛高 19.3 長 24 槽高 10.5 長 17.3 寬 9.3 釐米
河南洛陽墓葬出土
現藏河南博物院

◆牛身施黃色釉，繪有梅花紋，有套紋印痕。昂
首向天，雙目圓睜，雙角直立，身體粗
壯，頸肩部肌肉纍纍，充滿力量，四
肢短粗，立於地面。牛槽，呈長方
形。◆此器為隨葬用器。

◆定級要素：此器反映了當時家畜飼養情況，墓
葬出土。

83 三彩三環足盤　　　唐

高 4.8 口徑 18.7 足高 1.6 釐米
1987 年由孫大光先生捐獻
現藏安徽省博物館

◆此盤外為黃色釉，內為
黃、褐、綠三色釉，配
以模印六角形圖案。
◆唐三彩是一種低溫
釉，釉色有黃、
綠、褐、藍、黑、
白、紫等。其中以
黃、綠、褐彩為主，
所以稱三彩。

◆定級要素：此器色彩斑駁，鮮豔奪目，為三彩
中之精品。因殘修復。

84 三彩陶尖嘴狗　　　　唐

高 16　長 11.2 釐米
1973 年河南洛陽安菩墓出土
現藏洛陽市文物工作隊

◆狗尖嘴平頂，雙耳後垂，雙眼圓睜，平視前方。腰細，長尾下垂，四肢較細。施黃褐色釉。
◆定級要素：此狗明亮勻淨，神態生動。

85 三彩雙螭耳瓶　　　　唐

高 31.5　口徑 5.7 釐米
1971 年河北保定工讀學校撥交
現藏河北省文物研究所

◆盤口，細頸，豐肩，鼓腹，下腹斜收，平底。肩兩側各置一螭形耳，兩螭首伸向瓶口。灰白胎。盤口內外及器壁施黃、褐、綠三彩釉，呈斑點狀。釉不到底。
◆定級要素：唐三彩器在河北地區發現的數量不是很多，尤其是完整器。此瓶造型優美，色彩絢麗，且保存完好。

86 三彩刻花長方形枕　　　唐

長 11.8　寬 8.9　高 5.7 釐米
1979 年河北定興徵集
現藏河北省文物研究所

◆枕呈長方形，枕面兩端翹起，中間微凹，直
壁，枕壁一側有一氣孔。灰白胎。枕面滿刻纏
枝花卉，施藍、綠、黃褐色三彩釉，四壁亦施三彩釉，為較隨意的斑點紋，底無釉。

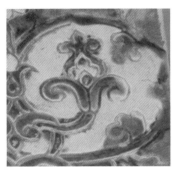

◆定級要素：此枕形制小巧工整，花紋飽滿流
暢，施釉均勻，色彩豔麗。唐三彩在河北地區
發現的數量不多，且保存完好。

87 三彩兔形枕　　　唐

長 12.1　寬 8　口徑 7.3 釐米
現藏河北省博物館

◆枕作臥兔狀，兔睜目伸耳，伏臥於橢圓形座板
上，背成橢圓形枕面，枕面先刻蓮瓣紋，再按
圖案的需要施藍、綠、褐等多種色釉。胎質潔
白細膩，上敷白色化妝土。◆唐三彩以河南鞏縣
窰製品常見，河北邢窰雖然也有三彩器出土，
但數量有限。
◆定級要素：此器造型優美，色澤濃而不豔，是
研究唐代邢窰三彩不可多得的珍貴資料。枕面
殘缺一塊。

88 黃釉印花枕　　　唐

長 11.3　寬 9　高 16 釐米
1984 年江西南昌徵集
現藏江西省博物館

◆枕呈長方形，枕面中間內凹，印飾一對相像的
蜜蜂，呈團花狀。施釉，呈黃綠色，釉面勻淨
光亮。

◆定級要素：此枕造型規矩、簡練，為唐代一般
性作品。一角殘損。

89 三彩陶榻　　唐

高 6.5 長 26 寬 19.5 釐米
1973 年陝西富平李鳳墓出土
現藏陝西省博物館

◆榻面為長方形，其下
四周有圍欄，前面闢
門，前後兩側各有兩
個壺門，兩端各有兩
個壺門。器施以
黃、綠、褐色釉。

◆定級要素：此器出自唐初墓葬，是唐代初期傢
具的模型，它是研究古代傢具發展珍貴的參考
資料，傷殘修復。

90 三彩爐　　唐

高 13.8 口徑 12 腹徑 18 釐米
1958 年安徽宿縣出土
現藏安徽省博物館

◆口沿外撇，束頸，圓鼓腹，圜底，三獸足，肩
部堆貼四鋪首裝飾，腹飾凹弦紋數道，釉色為
黃、綠、藍相間，釉不及底。◆唐三彩不僅藝術
價值很高，而且品種繁多，其色彩斑斕的釉色
和千姿百態的造型，體現了唐代陶瓷工藝發展
的高度成就。
◆定級要素：此爐屬三彩中之佳作。惜有脫釉現
象。

91 綠釉陶相撲俑　　北宋

高 6.4 釐米
1983 年河南省文物商店收集
現藏河南博物院

◆形象為二人互搏，二人均頭頂梳髻，面部表情
生動，睜眼張嘴，全身用力，欲把對方扳倒。
其中一人上衣繪圓圈紋，襠部和腰間縛帶。體
施綠釉。◆相撲運動在宋代就已經相當流行，每
當春季，團社互相邀請競賽。
◆定級要素：此俑形
象生動，為研究古
代相撲運動的發
展，提供了珍貴
的資料，較為
少見，形
制較小。

92 釉陶星宿俑　　　　北宋

高 26～27 釐米
1978 年江蘇溧陽竹簧公社宋元祐六年（1091 年）墓
出土
現藏鎮江博物館

◆俑施綠色或黃色釉。面部表情塑造得極為生動，突出各自的特徵，或慈祥，或端莊，或猙獰，或安詳，反映了宋代陶塑的精湛技藝。◆星宿原為五星神、二十八宿像，現存五星、八宿，其他二十宿均損。五星神像為太白（金星）、發星（木星）、辰星（水星）、熒惑（火星）、鎮星（土星）。現存八宿像為亢宿、心宿、房宿、鬼宿、畢宿、婁宿、壁宿、胃宿。

◆定級要素：此五星神不完整。

93 磁州窰三彩刻花枕　宋

長 37.3　寬 25　高 13.7 釐米
河北保定磚窰廠出土
現藏河北省博物館

◆腰圓形，前低後高，兩端微
翹，後側中間有一圓孔。胎
質堅硬，胎色磚紅，上
敷白色化妝土。枕面周
邊以黑彩繪變形卷草
紋，中間刻折枝牡丹，
按圖案需要施以不同的
色釉，花朵施黃釉，花葉
施綠釉，花枝、葉脈和花

蕊以黑彩描繪。枕周壁施綠彩，上有黑彩"八"
字紋一周，枕底露胎。造型別致，線條流暢，
色澤鮮豔，具有鮮明的地方特點和時代特徵。
◆定級要素：磁州窰宋三彩，大多胎釉結合不緊
密，釉層易剝落，
而此枕胎釉
結合緊
密，胎體
也十分
堅硬，
是研究宋
代磁州窰
三彩器的
重要資料。

94 三彩牡丹雙蝶紋長盤　遼

長 26.5　寬 15　高 2.5 釐米
現藏河北省博物館

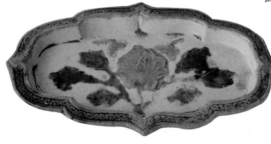

◆八曲海棠式，折沿，淺腹，平底。內底印一枝
凸起的牡丹和兩隻對飛的蝴蝶，邊飾卷草紋一
周，黃花綠葉與白地相映成趣，具有淺浮雕裝
飾藝術效果。內外口沿施黃釉，中間的卷草
紋帶施綠釉，胎質堅硬，胎色土黃，上敷
白色化妝土。
◆定級要素：此盤造型別致，色彩鮮
豔，釉面滋潤光澤。具有濃郁的契丹
民族風格，是研究遼代製瓷業的重要
實物資料。此類盤在遼墓中多有出土。

95 三彩海棠花式長盤　遼

長 27.6　寬 16.5　高 2.5 釐米
遼寧新民巴圖營子出土
現藏河北省博物館

◆八曲海棠花式，寬折邊，淺腹，平底。
盤口飾卷草紋，盤內印盛開的折枝菊
花，按花加塗黃、綠、白三色釉，白
地、黃花、綠葉，色彩鮮明均勻，光
豔潤澤。淺紅色胎，施三彩釉，有細開
片紋。

◆定級要素：此盤造型優美，花紋活潑自然，器
物裝飾明顯地反映了契丹族的民族風格，是遼
墓出土物中的上乘之作。

96 三彩花口洗　遼

高 8　口徑 32.2 釐米
1975 年河北陽原遼墓出土
現藏河北省文物研究所

◆口呈花瓣形，外侈，直壁，底部內收，平
底，圈足。內壁施綠釉，內底刻繪三彩魚
蓮紋，中心為蓮瓣紋團花圖案，周圍作四
條同向環繞的魚紋。灰白胎，質粗。外壁
施半截釉，黃綠色。◆遼代的三彩器繼承
了唐三彩的製作技法，但從胎質、釉色、
紋飾等幾個方面來看，其工藝水平不及
唐、宋三彩器。
◆定級要素：此洗採用了當時比較流行的黃綠
色釉以及常見的蓮花紋，集中反映了遼三彩的
藝術風格。

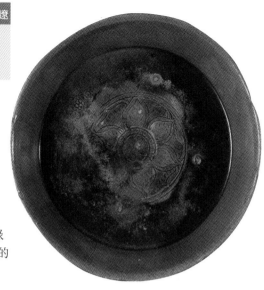

97 磁州窰三彩貼花雙耳三足爐　金

高 29.2 釐米
1975 年河北高邑縣信託公司收購
現藏河北省博物館

◆方唇平沿，束頸，廣肩，鼓腹，虎頭虎
爪形三足，肩上有對稱的長方形耳。胎質
粗，呈灰白色。器滿施黃、綠彩。採用模製
貼花與刻劃相結合的方法。口沿施模印迴紋，
頸部和腹部貼蓮花紋。
◆定級要素：此器造型端莊，色彩鮮豔，具有
明顯的時代特徵，且保存完好。

98 法華陶鏤雕人物罐　　明

高 40　口徑 17 釐米
山西長治出土
現藏長治市博物館

◆直口，圓唇，沿外翻，豐肩，鼓腹，下收至底。腹壁為雙層，外層鏤雕，內層光素。腹上部雕祥雲、仙鶴，中部為人物出行圖，輔以山石、樹木等。

◆定級要素：此器紋樣複雜，立體感強，為陶胎法華器的代表作，惜彩釉剝落嚴重。

三級陶器定級概述

文化部頒佈的《文物藏品定級標準》將珍貴文物藏品劃分為一、二、三級品，並制定了相應等級文物定級標準。古陶瓷三級品的定級，就是以此標準為原則，同時根據器物的具體情況來確定。下面闡述"三級品"陶器應具備的條件：

1. 存世量大、保存較好的陶器

陶器定級，除依據其歷史、藝術、科學價值外，某一陶器品種的存世量也是定級參考的一個重要方面。中國古代陶器由於是日常生活用品，或用於隨葬之用等，生產量大。有些陶器品種傳世或出土很多，在定級時，極為罕見的陶器珍品，定為一級品。較為常見的陶器精品定為二級品。存世量大且保存較好的陶器則定為三級品。

浙江義烏出土的釉陶瓿為西漢時期的器物，墓葬出土常見，故定為三級品。而江蘇鎮江出土的東漢帶流陶瓿，兩者形制相近，後者飾有方流，因形制別致，而定為二級品。河北磁縣灣漳北朝墓出土的陶俑，是北朝時期代表性的陶塑作品，有彩繪風帽俑、侍衛陶俑、儀仗俑和騎馬俑等。出土數量較多，僅風帽俑就達二百八十四件。唐三彩器是唐代燒製的低溫釉陶，以絢麗多姿的彩釉和高超的陶塑藝術著稱於世。河北磁縣唐開元四年墓出土的三彩鉢，為唐三彩的典型器，紀年墓出土，彩釉豔麗，造型常見，故定為三級品。

2. 歷代著名窯場燒製的一般陶器

中國古陶瓷生產的顯著特徵之一是窯場眾多，燒造的品種、裝飾技法、紋飾及胎釉的不同，形成了獨具藝術風韻的瓷窯體系。在中國陶瓷發展史上，有許多著名的瓷窯，有的也燒造陶器，它們的產品也有高低優劣之分。在定級時，著名窯場燒製的罕見的珍品、佳作分別定為一、二級品，而燒造的一般的陶器定為三級品。

唐代三彩器主要燒製在河南鞏縣窯、陝西耀州窯等地。陝西西安東郊出土的三彩豆，造型古樸典雅，為唐三彩常見的器物，定為三級。磁州窯是宋金時期北方著名民窯之一，以燒造白地黑花瓷而著稱，同時兼造三彩陶器。河北省博物館藏的三彩折枝牡丹紋雙耳罐，為磁州窯金代的典型製品，彩釉灰暗。故定為三級品。

3. 殘損較重，具有代表性的陶器

古陶器定級，器物的保存現狀、完殘情況也是定級參考的主要方面之一。古陶器的易碎性，以及人為因素，或由於埋葬地下、浸在水中、受鹼性物質侵蝕，使器物受損。有些陶器雖有殘損，但仍具有比較重要的歷史、藝術、科學價值。故定為三級品。

河北內丘東漢墓出土的綠釉陶人形燈，設計奇巧，具有較強的藝術價值，墓葬出土，釉面受浸蝕，故定為三級品。河北易縣燕下都戰國墓出土的黑陶磨光刻劃紋帶蓋豆，為仿青銅禮器，造型別致，具有燕器製作風格，因殘修復，定為三級品。

河北景縣高雅墓出土的東魏褐黃釉龍柄陶瓶，造型雋秀，惜有傷殘剝釉。故定為三級。陝西省富平李鳳墓出土的三彩陶雙聯盤，形制新穎別致，傷殘剝釉，定為三級品。

綜上所述，古陶瓷三級是次於一、二級品的國家珍貴文物，是有比較重要的歷史、藝術和科學價值，存世量大，具有代表性的古代陶器。中國出土和傳世的古代陶器數量眾多，科學地定級，分清真偽優劣，才能便於科學地對古代陶器分級管理，保護和利用。中國古代陶器是先民留給後人寶貴的文化遺產，我們必須十分珍惜和愛護這些珍貴的歷史文物。

1 紅陶弦紋釜形鼎　　新石器時代·崧澤文化

高 32　口徑 18.4 釐米
1960 年上海青浦崧澤遺址出土
現藏上海博物館

◆夾砂紅陶。侈口，矮頸，寬肩，扁腹，足呈扁
鑿形，脊有指捏成的鋸齒紋。蓋呈圓形，帶一
環形鈕。
◆定級要素：此器造型優雅，是長江下游崧澤文
化的典型器物。殘破修復。

2 灰陶把杯　　　　　　新石器時代

高 6.6　口徑 9.8　底徑 8.5 釐米
1974 年江西樟樹築衛城遺址出土
現藏江西省博物館

◆泥質灰陶。斂口，筒形腹微鼓，圈足。腹部置
一寬扁半圓形把柄。
◆定級要素：此器造型規整，屬築衛城遺址中的
典型器。因破補。

3 陶紡輪　　　　　　　新石器時代

直徑 11.4　孔徑 2.2 釐米
現藏義烏市博物館

◆器呈圓餅形，中部拱起，並開有圓孔，插入木
棍可作轉輪用，紡輪表面輪製痕較明顯，外緣
和內孔邊緣有部分殘缺。

◆定級要素：此件紡輪為研究該地區古代的紡紗
史提供了較為珍貴的實物資料。

4 陶袋足鬹　　　　新石器時代晚期

高 25.5 口徑 10 足高 13 釐米
1974 年江西樟樹樊城堆遺址出土
現藏江西省博物館

◆泥質灰陶。頸下置三個袋
狀足，足的上部飾凸棱，飾
凸棱是該文化的特點。灰陶
鬹是該遺址出土的典型器。
◆樊城堆遺址是地處贛江
中游的典型新石器時代
晚期遺址，距今約4000
－ 4500 年。

◆定級要素：此鬹製作方法手
　製兼輪製。經修復。

5 紅陶鏤孔豆　　　　新石器時代晚期

高 15 口徑 12 底徑 10.7 釐米
1961 年江西修水山背遺址出土
現藏江西省博物館

◆子口，斜弧腹，喇叭形高圈足。腹與足之間塑
一脊棱，足鏤四個圓形孔。此器為該遺址典型
器之一。
◆定級要素：由碎片復原。

6 陶圓底罐　　　新石器時代晚期

高 30　口徑 18.3 釐米
1961 年江西修水山背遺址出土
現藏江西省博物館

◆唇口，圓鼓腹，圜底。腹部飾一道凸弦紋。
◆定級要素：此罐器型較大，因殘缺修補。

7 紅陶壺　　　新石器時代晚期

高 21　口徑 10.5　底徑 10.5 釐米
1961 年江西修水山背遺址出土
現藏江西省博物館

◆紅陶。敞口，直頸，圓鼓腹，高圈足。腹飾一
道凸弦紋。
◆定級要素：此壺器
型不多見。由碎片
復原，圈足仍殘。

8 陶折肩長腹罐　　　商

高 27　口徑 14.5　底徑 12 釐米
1974 年江西樟樹吳城商代遺址出土
現藏江西省博物館

◆侈口，束頸，折肩，長腹，平底。頸部飾弦
紋，肩部飾圈點
紋、弦紋。
◆定級要素：此
器造型規
整挺拔，
屬吳城遺
址特有的器
型。因殘破修
補復原。

9 灰陶複合紋圓底深腹鉢　　　商

高 10.1　口徑 13.4 釐米
1974 年江西都昌徵集
現藏江西省博物館

◆斂口，弧腹，圜底。上腹飾凸弦紋，下腹飾雲
雷紋，圜底飾細繩紋，上腹部一側貼塑倒“品”
字形裝飾。
◆定級要素：此器造型雖不規整，紋飾時代特徵
明顯，特別是此類裝飾不多見。

10 灰陶印紋鼎　　　　　　西周

高 17.7　口徑 15.6 釐米
1965 年安徽屯溪西郊西周墓出土
現藏安徽省博物館

◆泥質灰陶。侈口，鼓腹，圜底，口邊設
半環狀雙耳，底置三錐狀足。腹部飾雷
紋，底為方格紋，屬印紋硬陶，與大量的
原始青瓷同出於墓中，說明它與原始瓷有
着密切聯繫。

◆定級要素：此鼎雖殘破修復，但時代較
早，器型亦頗別緻。

11 硬陶複合紋豆　　　　　　西周

高 8.8　口徑 12.5　底徑 7.7 釐米
1956 年江西樟樹營盤里遺址出土
現藏江西省博物館

◆唇口，扁圓腹，喇叭足。胎體堅硬厚重。腹飾
錐刺紋，細方格紋，類似"米"字紋的三種複合
紋樣。

◆定級要素：此器為西周向戰國過渡的典型紋
飾。器損經修補。

12 陶網格紋罐 西周

通高 9.8 口徑 28.2 腹徑 33 釐米
1981 年浙江義烏平疇木見山出土
現藏義烏市博物館

◆侈口，圓唇，束頸，扁圓腹，平底內凹。肩部
劃弦紋六道分為二組，間飾斜針點紋，腹部拍
印斜網格紋。

◆定級要素：此罐採
用泥條盤築成型，
器身較大，器壁較
薄，為西周時期少
見的大件器物，紋
飾極具時代特徵。

三 級 品 · 西 周 · 春 秋

13 硬陶印米字紋甕 春秋

高 42.2 口徑 21.5 底徑 24 釐米
1974 年江西貴溪漁塘水岩出土
現藏江西省博物館

◆侈口，束頸，廣肩，鼓腹，平底。通體飾米字
紋，肩部有刻劃符號。
◆定級要素：器型碩大，代表了東周時期製陶風
格，是當時陶器的較佳之作。底部有裂痕。

14 陶方格紋三足鼎 春秋

通高 20.2 口徑 21.6 足高 12 釐米
1979 年江西貴溪漁塘水岩出土
現藏江西省博物館

◆泥質紅陶。盤口，直腹，扁足，腹部飾方格
紋。
◆定級要素：此器為東周時期陶器中的典型器。
口沿稍殘、且磕多處。

15 陶印米字紋罐　　春秋

高 16.2　口徑 15.2　底徑 14 釐米
1979 年江西貴溪漁塘水岩出土
現藏江西省博物館

◆敞口，短頸，豐肩，鼓腹下收，平底。肩部貼塑一對羊首假耳，通體飾米字紋。

◆定級要素：此罐裝飾手法，體現東周時期陶器特點，可作斷代標準器。口部稍殘。

16 黑陶磨光弦紋三足罐　　春秋

通高 15.9　口徑 13.4　底徑 17.7　足高 1.5 釐米
1979 年江西貴溪魚塘水岩出土
現藏江西省博物館

◆泥質黑陶。敞口，短頸，廣肩，扁鼓腹，平底，底置三足且外撇。肩、腹等距離飾凸弦紋。◆黑皮磨光陶是東周時期流行的製陶風尚，可作斷代標準器。

◆定級要素：此罐造型規整，製作考究。腹部破裂多處。

17 紅陶繩紋龍首提梁桶　　春秋

通高 15.8　口徑 12　底徑 11 釐米
1974 年江西樟樹築衛城遺址出土
現藏江西省博物館

◆泥質紅陶。桶為筒形腹，飾粗繩紋，桶的提梁塑一條蛟龍橫架桶口。
◆定級要素：此桶構思獨特，很有時代特色。修補復原。

18 紅陶繩紋三足鼎　　春秋

高 9.5　口徑 7.5　足高 4.5 釐米
1976 年江西九江磨盤墩遺址出土
現藏江西省博物館

◆夾砂紅陶。斂口，筒形腹，平底，錐狀足。腹與足飾粗繩紋，近口沿處等距離貼塑四個鼓釘紋。

◆定級要素：此鼎胎體厚重，裝飾風格別致，具有斷代研究價值。製作粗糙。

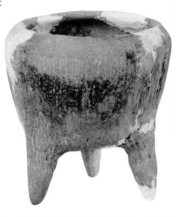

19 陶曲折紋甗形器　　春秋

高 30　口徑 32.3　底徑 15 釐米
1974 年江西樟樹築衛城上層遺址出土
現藏江西省博物館

◆敞口，短頸，溜肩，筒形腹，平底。內下腹置箅基，供放箅。肩部設一對外包耳，包耳內鏤圓形孔供繫繩。腹部飾曲折紋。

◆定級要素：此器雖製作粗獷，造型不規整，但構思科學。為使繫甗的繩不被火燒斷，繫繩的孔設製外包耳，使繩與火隔絕。破損修補。

20 朱繪陶方鼎　　戰國·燕

通高 15.2　口徑 13.6　寬 8.2 釐米
1978 年河北易縣燕下都辛莊頭戰國墓出土
現藏河北省文物研究所

◆泥質灰陶。長方口，平唇，直耳，方穿，直腹，平底，鳥形柱足。器身四個面的中部和四角均飾一條突出的出戟紋。鼎身朱繪卷雲紋，鳥形足的鳥首及雙翅也施有朱繪。◆此鼎出自戰國晚期大型貴族墓中，從墓中出土的大量陶禮器，可以看出戰國晚期隨葬青銅禮器之風日漸衰落。

◆定級要素：此鼎的鳥形柱足造型比較奇特，富有想像力，朱繪的色彩也較鮮豔。惟器物較小。

21 黑陶磨光刻劃紋帶蓋豆　　戰國·燕

通高 50　口徑 16.5　圈足徑 14.5 釐米
1974 年河北易縣燕下都解村戰國墓出土
現藏河北省文物研究所

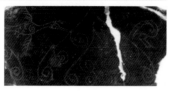

◆夾砂紅陶，內羼有少量的蚌殼末，外表全部磨光，呈深黑色。半球形蓋，上有三個等距離的八棱形立鈕，上細下粗。器口內斂，斜平唇，深弧腹，腹兩側各有一環形耳，細高柄，喇叭形圈足。豆身及柄飾輪製凹弦紋，圈足上刻劃勾連雷紋。蓋面從中心至邊緣刻劃四層花紋，依次為三角雷紋、三角紋、折線卷雲紋、飛鳥和三角卷雲紋，均以凹弦紋相間。◆與此豆同出一墓的還有鼎、壺、盤、匜、盨 等，這組陶器從器型上看應為仿銅陶禮器，反映了這一時期燕國貴族墓中的隨葬品開始由注重青銅禮器轉向使用陶質明器的變化。

◆定級要素：此件陶豆圈足和器蓋上所飾花紋，採用了當時流行的刻劃手法，幾何形紋樣佈局工整，集中體現了燕器的製作風格。因殘修復。

22 黑陶磨光刻劃紋壺　　戰國·燕

高 41　口徑 11.1 釐米
1975 年河北新城縣紊河上游出土
現藏河北省文物研究所

◆夾砂紅褐陶，內羼有少量的蚌殼末。敞口，束頸，圓鼓腹，圜底，圈足。腹部兩側各附貼一鋪首銜環，環已失。從壺的頸部至下腹部共刻飾五層花紋，均以凸弦紋相間，由上向下分別為三角卷雲紋，豎水波紋，勾連三角雷紋，菱形紋與橫水波紋，水鳥、虎、魚、龜紋。在最下一層的動物紋中，還刻劃出兩個人物形象，二人相對跪坐於火架旁，似在燒烤食物，其上是一條魚。◆此壺的裝飾紋樣採用了戰國時期較為流行的刻劃手法，無論從胎質、器型、紋飾及裝飾手法上都與易縣燕下都遺址出土的同類器物相同，應為燕國遺物。

◆定級要素：此壺保存完好，花紋內容如此豐富的燕國磨光黑陶器在燕下都遺址和墓葬中也不多見，對認識和了解燕器的裝飾風格有重要的參考價值。

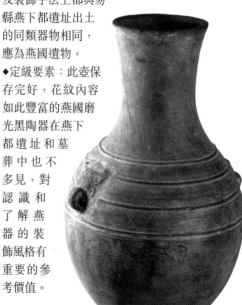

23 彩繪陶鳥柱盤　　戰國

高 16.7　盤徑 21 釐米
1958 年河北邢台東董村戰國墓出土
現藏河北省文物研究所

◆泥質灰陶。下為一盤，盤中豎一圓柱，柱上有
一飛鳥。盤敞口、平唇，腹較深，外壁弧收，
圈足。鳥為尖喙，用白彩點出雙睛，昂首，合
翅，尾略上翹。鳥身用紅、白彩繪出羽紋，柱
亦施紅白相間的彩繪。

◆定級要素：與此件彩繪鳥柱盤同出一墓的彩繪
鴨形尊，因其造型別致且通體施有彩繪，已定
為二級品。兩者相比，無論從造型或彩繪鮮豔
程度，此器都略遜色於鴨形尊。

三級品 · 戰國

24 彩繪陶圓盒　　戰國

高 15.2 口徑 15.5 釐米
1958 年河北獲鹿出土
現藏河北省文物研究所

◆泥質灰陶。圓鼓頂蓋，盒口微斂，深腹，外壁
有折棱，圜底，矮圈足。蓋與腹身的上部即折
棱以上滿施紅、白、黃三色彩繪圖案，用黃彩

繪出連續的三角形框，內填繪紅色或白色的斜
點紋，似雨滴。蓋頂中心為一黃色的圓環，內
繪紅白相間的重環紋，加之輪製痕跡明顯，形
成了黃白紅三色旋渦狀紋心。◆陶盒是用來
盛放米食的器皿，戰國後期開始使用。在
此之前具有同樣用途的器皿有西周時的
簋、春秋時的敦。據《説文解字·皿
部》："盛，黍稷在器中以祀者也。"因
此陶盒也稱為盛，陶盒在西漢時期比較
流行，東漢中期以後很少見到。
　　◆定級要素：此陶盒保存完好，幾何形彩
繪圖案佈局工整，色彩搭配協調，給人一
種典雅之感。對研究戰國晚期至漢代同類器
物器型、彩繪圖案裝飾風格的發展變化都有
一定的參考價值。

25 陶蓆紋罐　　戰國

高 9.8 口徑 7.2 底徑 6.2 釐米
1989 年浙江義烏汽車站派出所移交
現藏義烏市博物館

◆直口，短頸，豐肩，深腹，平底，胎體輕薄。
肩部裝飾雙管狀豎繫一對，通體拍印蓆紋。
◆定級要素：此罐造型新穎，器形規整，保存完
好。因不屬考古發掘品，土蝕較重。

26 陶印紋罐 戰國

高 10.5 口徑 10.2 底徑 8.8 釐米
1989 年浙江義烏汽車站派出所移交
現藏義烏市博物館

◆泥質灰陶,胎質堅硬。直口,短
頸,豐肩,鼓腹,平底。通體拍印
米字紋,器內壁留有拍印時支墊的
印窩。

◆定級要素:此器造型規整。器口有殘
損。

27 彩繪陶虎紋壺 戰國

高 38.8 口徑 11.2 釐米
1958 年河北獲鹿出土
現藏河北省文物研究所

◆泥質灰陶。盤口,微外侈,平唇,束細頸,溜
肩,鼓腹,假圈足。壺身通體施數道紅黃相間
的平行帶紋。肩及上腹部繪有兩隻虎紋,虎作
行走狀,尾粗大上捲。虎身的輪廓線用黃彩繪
出,內填繪紅、白色的斜點紋。◆此壺根據其形
制特點來看,應為戰國晚期至西漢早期之器。

◆定級要素:此壺形象誇張,通體繪彩,所繪虎
紋線條簡潔,較好地反映了這一時期彩繪陶器
的裝飾風格,且保存完整。

28 釉陶瓿　　　　西漢

通高 20.7　口徑 11.2　底徑 16 釐米
1985 年浙江義烏環保所基建工地出土
現藏義烏市博物館

◆泥質灰陶。直口，平沿，溜
肩，扁圓腹，平底，
底外置三足。肩部有
對稱雙耳，略成
"S"形，高翹出
器口之上。蓋
呈扁圓形，圓
鈕，蓋緣下有子
母口。肩部飾三組
弦紋，弦紋間飾水
波紋，雙耳面飾鋪
首，用雲紋組成獸面
形，係模印而成，上腹
部施青黃釉，下腹無釉，
露胎處呈淡紫紅色。

◆定級要素：
此瓿造型新穎
穩重，是西漢常
見的器型之一。

29 陶印紋甕　　　　西漢

高 28.5　口徑 17.8　底徑 14.5 釐米
1986 年浙江義烏福田井頭村出土
現藏義烏市博物館

◆泥質灰陶，斂口，豐肩，鼓腹
內收。通體拍印篾形紋，器內壁
留有拍印時支墊的印窩。
◆定級要素：此甕紋飾勻稱，製
作技藝成熟，保存完好。此類器
物在本地出土較多。

30 釉陶鼎　　　　西漢

通高 17.3　口徑 17 釐米
1985 年浙江義烏環保所基建工地出土
現藏義烏市博物館

◆泥質灰陶。子母口，深腹，平底，下腹飾獸蹄形三足。口兩側附耳高翹，耳根突出，腹中部有凸棱。蓋滿釉，釉色青黃，器身上部施釉，大部分已脫落。◆此鼎造型仿青銅禮器，既是實用器，又是一件藝術品。
◆定級要素：此鼎古樸大方，做工較精緻，當地類似器物出土較多。

31 釉陶鼎　　　　西漢

通高 17.6　口徑 16.1 釐米
浙江義烏火車站基建工地出土
現藏義烏市博物館

◆泥質灰陶。子母口，弧腹較深，腹中部有凸棱，圜底，下有三獸蹄形足。口沿兩側置對稱的高於鼎蓋的長方形器耳，耳上部外撇。鼎蓋成半球形，貼塑三個圓錐形鈕，便於倒放，並飾兩圈凹弦紋。鼎蓋及腹中部以上施青黃釉，釉層脫落較多。
◆定級要素：此器時代特徵鮮明。一側耳殘缺。

32 陶方格紋足鼎　　　　西漢

通高 19.3　口徑 24.5　足高 5.6 釐米
1972 年江西南昌西漢墓出土
現藏江西省博物館

◆子口，圓腹，平底。口邊置一對方形豎耳，下腹部置三個獸形足。蓋為倒扣之弧腹碗，圈內刻劃近似現代民間西瓜棋圖案。蓋面刻飾三圈水波紋，其間以弦紋相隔。腹部刻印方格紋和弦紋。
◆定級要素：此鼎紋飾獨特，為西漢常見的器型。造型不規整。

33 陶印紋罐　　　　　　西漢

高 11.6　口徑 9.2　底徑 10.5 釐米
1980 年浙江義烏稠城農協村漢墓出土
現藏義烏市博物館

◆泥質灰陶，胎質堅硬。斂口，唇微侈，鼓腹，
平底。胎薄質硬，器身拍印幾何形紋飾。
◆定級要素：此罐造型規整，紋飾繁而不亂，具
有典型的時代特徵。

34 紅陶雙繫壺　　　　　　西漢

高 29.2　口徑 11.4　底徑 13.8 釐米
1973 年江西南昌出土
現藏江西省博物館

◆平口，寬邊，束
頸，溜肩，腹上鼓
下收，平底。肩部
置一對豎繫，其
上飾葉脈
紋。
◆定級要
素：此壺
造型規
整，保存
完整。

35 灰陶堆貼仙人紋壺　　　　　西漢

通高 49　口徑 13　底徑 17.6 釐米
1956 年江西南昌徵集
現藏江西省博物館

◆盤口，寬邊，長頸，豐肩，圓鼓
腹，高圈足。肩部貼塑一對獸面銜
環，配圓形微凸的蓋。口邊刻飾
篦紋，頸、肩、下腹塑貼八匹
馬奔跑在草叢中，上腹部
塑貼四個寬衣長袖飄曳在
天空的仙人，紋飾之間以
帶狀凹弦紋相隔，其上貼
塑變形"S"紋，足邊塑貼
幾何形紋。蓋面飾三條蟠
龍，蓋邊飾幾何紋。

◆定級要素：此壺造型規整挺拔，裝
飾手法新穎古樸。因足殘缺，塑
貼紋飾部分剝落。

36 彩繪女立俑　　　西漢

高 30.5 釐米
1960 年河北邯鄲彭家寨漢墓出土
現藏河北省文物研究所

◆泥質灰陶，外敷白色陶衣，上施紅、黑兩彩。
女俑髮分中縫，梳錐髻，垂於肩、背部，身着
高領雙重深衣，袖手而立，下襬寬大，兩足微
露。◆自戰國以來，婦女的髮式推崇拖垂，像此
俑所梳類似槌狀的單髻在漢代成年婦女較為流
行。此女俑較好地反映了漢代婦女中常見的服
飾和髮式，是研究中國古代婦女服飾和髮式演
變以及陶塑藝術的重要實物資料。

◆定級要素：在邯鄲彭家寨另外一座漢墓中，也
出土了一件與此女俑形制基本相同的彩繪陶
俑，由於那件女俑面目清晰，色彩鮮豔，保存
完好，已定為二級品。此件與之相比，無論從
五官的清晰程度還是彩繪的色澤都有所不及。

三級品・漢

37 彩繪跪形女俑　　　西漢

高 19.5 釐米
1965 年河北磁縣九龍口出土
現藏河北省文物研究所

◆泥質灰陶，外敷白
色陶衣，上施黑紅
彩。女俑髮分中
縫，梳反綰髻，身
穿雙領深衣，雙臂
前伸，跪坐於地，應
為侍俑。

◆定級要素：此件跪姿俑
保存基本完整，對了解漢代婦女的髮式、服飾
及生活習俗都有一定的參考價值。

38 灰陶三足蓋鼎　　　東漢

通高 20　口徑 14.8　足高 4.8 釐米
1960 年江西南昌東漢墓出土
現藏江西省博物館

◆斂口，圓鼓腹，平底，下設三個
柱狀足，近口沿處設一對環形耳，
配笠帽狀蓋。
◆定級要素：此鼎造型規整，蓋面
裝飾奇特，環耳不多見，具有一定
的典型性，屬東漢陶器中之佳作。
惟耳、足經修補。

39 紅陶罐　　　東漢

高 15.1　直徑 9.5　底徑 10.7 釐米
1979 年浙江義烏福田公社長春大隊出土
現藏義烏市博物館

◆泥質紅陶。直口，平沿內凹，短頸，溜肩，鼓
腹，平底。肩部飾對稱半環狀繫，在胎體上從
肩部至下腹作出數道瓦溝狀弦紋。
◆定級要素：器型完整，造型端莊。

40 陶方格紋帶蓋罐　　　東漢

通高 22.5　口徑 16.5　底徑 10 釐米
1974 年江西安福徵集
現藏江西省博物館

◆平口，雙唇，內口沿高於外口沿，束頸，溜
肩，腹部上鼓下收，平底。配一笠帽狀蓋。鈕
為尖狀三角形。蓋面、腹部飾細方格紋，肩部
飾弦紋。◆此罐屬實用保
鮮儲存器皿。
◆定級要素：此
罐為東漢時
期典型器，
可作斷代標
準器。因內口
唇磕多處，
器型不夠規
整。

41 綠釉陶壺　　　　東漢

高 34.5 口徑 11.5 釐米
1971 年保定市河北工讀學院撥交
現藏河北省文物研究所

◆泥質紅陶。口微侈，束長頸，溜肩，圓腹略
扁，高圈足。頸、肩、腹部飾弦紋。器表施綠
釉。◆釉陶出現於西漢中期，即在器表施有低溫
鉛釉的陶器，燒成溫度在800℃左右。漢代釉陶
的釉色一般呈棕黃或綠色，比較容易脫落，但
有較強的裝飾效果，也能起到保護器胎的作
用。釉陶大都發現於墓葬中，是專門用來隨葬
的。在中國，釉陶經歷了從漢代的單色釉陶，
到北朝時的雙色釉陶，再發展成唐、宋、遼時
的三色釉陶的過程。
◆定級要素：此壺為釉陶的發展演變提供了很好
的實物資料，且保存完好。

三級品・漢

42 陶倉　　　　東漢

通高 28.2 口徑 26.2 足高 7 釐米
1972 年江西南昌東漢墓出土
現藏江西省博物館

◆鼓腹，平底，腹下
設三個獸足，腹
一側鏤一長
方形倉
門。腹飾
弦紋。配笠
帽形蓋，鈕為
一母雞。◆倉，
為古代盛裝糧食
之處。此陶倉為明
器。

◆定級要素：此陶倉造型規
整，灰陶倉為東漢常見器型，
又為墓葬出土，可作斷代標準
器。

43 彩繪陶倉樓　　　　東漢

通高 78.2　面闊 72　進深 25.5 釐米
1958 年河南滎陽墓葬出土
現藏河南博物院

◆泥質灰陶。懸山式兩層樓房,簷下有枋及五朵
斗拱,前壁橫排開五個方形窗戶,其下凸雕窗
台及欄杆。器施白粉為地,上繪黑、紅兩彩。
前面牆壁繪跪拜圖,其下繪樂舞圖。兩側山牆
上繪一舞女形象,後壁繪鬥雞圖。◆漢代建築常
繪人物、花卉、雲氣等紋飾,這種人物與裝飾
紋飾的結合使得建
築更具藝術性。
◆定級要素:此
倉樓傷殘修
復,彩繪褪
色。

44 綠釉陶井　　東漢

通高 41　欄徑 25 釐米
1964 年河北望都南柳宿漢墓出土
現藏河北省文物研究所

◆泥質紅陶。此器由井身、井欄、井架三部分組
成。圓筒形井身，上粗下細，平底。圓形井
欄，上有亭式井架，亭頂為四阿式，其上密佈
瓦壟。井欄及井架均施綠釉，井筒露胎無釉。
◆在漢代特別是西漢中期以後的墓葬中，越來越
流行隨葬一些與日常生活密切相關的模型陶
器，如倉、竈、井、磨、豬圈、樓閣、碓房、
田地等，以及豬、羊、狗、雞、鴨等家畜和家
禽，這些明器的種類及數量東漢時期比西漢時
都有所增加。◆陶井的井身長度西漢時較長，東
漢時變短。
◆定級要素：此件陶井出自東漢墓中，基本保存
完好，對了解漢墓隨葬品種類、器型的變化都
有一定的參考價值。

45 釉陶狗　　東漢

高 22.5　長 23　寬 9.5 釐米
1956 年安徽太和出土
現藏安徽省博物館

◆中國漢朝盛行以氧化鉛為
主要熔劑的低溫色釉。釉色
大體有黃、綠、褐色三種。
其中尤以綠釉最為突出。◆陶塑
製品早在新石器遺址中就有發現，
漢至唐代的彩繪陶、鉛釉陶塑製品
最為出色，主要用作陪葬，此件陶
狗亦為隨葬品。

◆定級要素：此器色澤豔麗，神態生動，是漢代
　　典型的陶塑藝術品。耳部有傷殘。

46 釉陶豬　　東漢

高 13　長 25.5 釐米
1955 年河北滄縣丁莊漢墓出土
現藏河北省文物研究所

◆泥質紅陶，合範燒製。豬作站姿，
立耳，雙目平視前方，肢體肥碩
有力。豬的脊背上塑有鬃
毛，施綠釉。釉色從頭部至
臀部逐漸由深變淺。
◆定級要素：陶豬的形象寫
實生動，個體較大，保存完
好，反映了東漢時期陶塑製作的
藝術風格。

47 綠釉陶博山爐　　東漢

通高 17　承盤徑 22 釐米
1964 年河北望都南柳宿東漢墓出土
現藏河北省文物研究所

◆泥質紅陶。爐的下部為圓形承盤，盤中心
有一短柄，上接斂口鉢形爐身，爐蓋呈圓
錐形，塑出山巒，有鏤孔，以便香氣散
出。◆根據秦漢時盛傳東海有蓬萊仙
山，故將爐蓋雕鏤成高而尖的山巒
形，上有羽人、走獸、雲氣紋，
象徵海上的蓬萊仙境，因此把這種熏爐稱為
"博山爐"。◆戰國時期在室內熏香的習俗就已
形成，漢晉時期普遍流行。早期的博山爐多為
銅鑄，東漢以後陶瓷質地的博山爐逐漸增多。
◆定級要素：此件博山爐出自東漢墓中，是當時
　　　　熏爐中較為常見的形制之一，具有
　　　　　　明顯的時代特徵。

48 綠釉陶竈　　　　東漢

通高 19.5　長 36.5　寬 24.5 釐米
1955 年河北滄縣丁莊漢墓出土
現藏河北省文物研究所

◆泥質紅陶，通體施綠釉。
竈呈長方形，竈頭有三角
形小火門，上有擋火壁。
竈面上有三個火眼，各置
一釜。竈的後端應有煙
道，竈左側和後端設有高約
九釐米的圍屏式隔煙牆，隔
煙牆上排列着稠密的長條形
散煙孔。後側隔煙牆的正中
有象徵煙道的立柱痕跡，現
已缺失。◆此件帶有隔煙牆的
陶竈，其形制與北京平谷發現
的東漢墓中所出陶竈基本一致，

其特點是隔煙牆的設施比較周密，這種竈是華
北地區較為流行的一種。
◆定級要素：此竈在形制上反映出東漢時期陶
竈的某些地域特點，保存基本完好。

三級品・漢

49 釉陶竈　　　　東漢

通高 12.3　長 21　寬 16 釐米
1958 年河北邢台曹演莊漢墓出土
現藏河北省文物研究所

◆泥質紅陶，上施黃釉。竈的
平面為長方形，中空，前
端略寬，有長方形落地
火門，上有梯形擋火
牆。竈面有二大二小四
個火眼，在兩個大的竈
眼上各置一釜。竈的後
端有高約二點七釐米的
竈牆，牆上塑出煙道。
◆此件長方形多眼竈，
也稱方頭竈，是東漢時
期北方地區最為常見的一
種，具有廣泛的代表性。◆陶竈
隨葬的做法始於西漢中期，起初多為素面

單眼竈，東漢時期火眼逐漸增多至三到四個，
有的在竈面上模印或刻劃出各種廚具與食品，
如刀、耙、鈎、帚、盆、盤、魚、鴨等。
◆定級要素：此竈出自東漢墓中，對確定陶竈
形制的發展變化有較大的幫助，且保存完好。

50 釉陶人形燈　　　東漢

通高 29 燈盤徑 9.4 釐米
1960 年河北內丘南三岐東漢墓出土
現藏河北省文物研究所

◆泥質紅陶，外施綠釉。燈座塑成呈蹲跪式的人形，右臂下垂手扶膝，左臂前曲手執燈柱，胸前附坐一小兒，小兒面向前，雙臂斜伸，右臂向下，左臂向上亦作擎燈狀。跪者面部輪廓清晰，彎眉深目，高鼻大口，頭戴尖頂帽，身穿左衽衫，腰繫帶。圓形燈碗高出執燈者的頭部，與帽相連。◆此燈塑造出大小二人共擎一燈，極富生活情趣。再從人物的背面來看，腰及臀部都非常有力，似很用力地執燈。

◆定級要素：此燈造型十分別致，具有較強的藝術欣賞價值，且保存完好。

51 釉陶四連燈　　　東漢

高 36 座徑 20 釐米
1964 年河北望都南柳宿漢墓出土
現藏河北省文物研究所

◆泥質灰陶，通體施淺綠色釉。燈呈多枝形。喇叭形燈座，圓形燈柱，中空。燈柱中部裝有水平的三個小燈盤，頂端為主燈，燈盤較大，盤徑二十點五釐米。◆戰國至漢代，作為照明用的燈具式樣日益繁複起來，除用金屬製作的銅燈、鐵燈外還出現了大量的陶質及釉陶製品。形式有動物、人物等不同造型，也有較多的這種連枝燈，燈盞自三枝至幾十枝不等。

◆定級要素：此燈造型較為常見，製作較為粗糙，但仍不失為研究東漢時期人們日常用具的實物資料，具有一定的代表性，且為正式發掘品，時代特徵明顯。

52 紅陶水波紋燈　　　東漢

高 11.2　口徑 8.7　底徑 16.1 釐米
1972 年江西南昌東漢墓出土
現藏江西省博物館

◆此燈由盤、柱、盞三個部分
構成，燈柱飾兩組水波紋，
其間以弦紋相隔。

◆定級要素：
此燈底盤
大，整個造
型顯得古樸
穩重。因燈盞
周圍有窰疤。

53 陶吹笙俑　　　東漢

高 22.5 釐米
1982 年四川成都青羊宮窰址出土
現藏成都市博物館

◆泥質紅陶。俑為跪姿。頭戴平頂帽，面頰豐
腴，兩眼微睜，雙手捧笙作吹奏狀。身穿交領
寬袖長袍，俑呈現出
演奏時的陶醉神
態，極為傳神。

◆定級要素：此俑
為研究漢代音樂
提供了珍貴的
資料。因遺址
出土，剝蝕
較重。

54 紅陶持篩俑　　　東漢

高 19 釐米
1982 年四川成都青羊宮窰址出土
現藏成都市博物館

◆泥質紅陶。俑頭梳椎髻，頭部仰起，面帶微
笑。上身赤膊，雙手持篩，作用力篩穀狀。下
身着短褲，雙腿弓步站立，右腿前，左腿後。

◆定級要素：此俑塑造
線條流暢，極為寫實
的表現出漢代農民
加工糧食的場景，
窰址出土，殘缺
修復。

55 紅陶雙獸耳瓶　　　漢

高 29.2　口徑 8.2　底徑 16.4 釐米
1979 年浙江義烏橋東冀大塘村出土
現藏義烏市博物館

◆泥質紅陶，通體無釉。小
口，平唇，鼓腹，平底，
肩部飾鋪首紋雙耳，上
腹部飾較疏朗的凸弦紋
三組。

◆定級要素：此器形制較大，造型規整，為典型
的漢代陶器。

56 釉陶鼎　　　漢

通高 19　口徑 21.2 釐米
浙江義烏火車站基建工地出土
現藏義烏市博物館

◆泥質灰陶。子母口，弧腹較深，平
底。口沿外側附對稱雙耳，高出器
口，腹下飾獸蹄形三足。蓋呈覆鉢
形，上飾三角形小鈕三個，作仰放時
支足。施青黃釉，蓋滿釉，器身施釉僅
至耳根，且剝落較嚴重。

◆定級要素：此鼎造型仿青銅禮器。惟出
土數量較多。

57 陶水波紋簋　　漢

高 11.3　口徑 23.5　底徑 13.3 釐米
義烏福田公社劉山塢出土
現藏義烏市博物館

◆侈口，深腹，高圈足外撇。腹部
兩組雙線凹弦紋，其間飾一組水
波紋。表面刷黑色陶衣。
◆定級要素：此簋造型新穎，器形較
大，穩重端莊，較為少見。

58 陶弦紋豆　　漢

高 7.5　口徑 10.7　底徑 6.8 釐米
1979 年浙江義烏福田公社長春大隊出土
現藏義烏市博物館

◆泥質灰陶。斂口，平沿內凹，腹內收，高足。
口沿外側刻劃二道凹弦紋，腹中部及足部各飾
一圈弦紋。
◆定級要素：此器造型獨特，較為少見。有多處
磕損。

59 雙唇陶罐　　漢

通高 13　內口徑 5.6　外口徑 12.5　底徑 9 釐米
1979 年浙江義烏福田公社長春大隊出土
現藏義烏市博物館

◆直口，雙唇，直頸，平底。上腹
部置一對稱半環狀繫。蓋呈覆
鉢狀，倒扣於雙唇之間，蓋平
面上置半環狀繫，用作提手。

◆定級要素：此罐造型別
致，類似於現在的泡菜
罐，為研究古代人民
的生活習俗提供了
較為珍貴的實物
資料。

60 陶蓆紋罐　　　漢

高 28.5　口徑 18.8　底徑 18 釐米
1979 年浙江義烏福田公社長春大隊出土
現藏義烏市博物館

◆泥質灰陶。敞口,平沿,束頸,斜肩,
折腹,平底。通體拍印蓆紋,紋飾清
晰,錯落有致。上腹部施青黃釉,釉層
較薄,下腹無釉。

◆定級要素:此罐製作略有變形,不夠規整。

61 紅陶罐　　　漢

高 9.7　口徑 8.7　底徑 7 釐米
浙江義烏汽車站基建工地出土
現藏義烏市博物館

◆泥質紅陶。侈口,圓唇,束頸,鼓腹,平底。
肩腹部飾有弦紋,肩部兩側有對稱的半環狀羽
紋繫。

◆定級要素:此罐器形規整,造型古樸莊重。工
藝略顯粗糙,且口沿有殘損。

62 陶弦紋罐　　　漢

高 9.8　口徑 9.6　底徑 8 釐米
1984 年浙江義烏汽車站基建工地出土
現藏義烏市博物館

◆泥質灰胎。侈口,束頸,斜肩,鼓腹,平底。
肩部置對稱雙耳。製作規整,輪製成型,在肩
腹部留下了一道道明顯弦紋,腹下部有淡紅色
的陶衣。

◆定級要素:此罐造型端莊,厚重古樸。惟出土
較多。

63 青釉陶罐　　　　漢

高 18　口徑 11.6　底徑 11.2 釐米
現藏義烏市博物館

◆泥質灰陶。直口，圓唇，短頸，
溜肩，鼓腹，平底微凹。肩部貼塑
羽紋豎繫一對，上下分別用橫"S"
形和環狀泥條裝飾，肩部飾三線凹
弦紋兩組，間飾水波紋。上腹部施
青黃釉，聚釉明顯，下腹無釉。
◆定級要素：此罐器形規整，裝飾手
法極具時代風格。

64 釉陶壺　　　　漢

高 20.6　口徑 7.5　底徑 9.6 釐米
浙江義烏福田公社長春大隊出土
現藏義烏市博物館

◆泥質灰陶。盤口，圓唇，直頸，溜肩，鼓腹，
平底。肩部貼塑對稱羽紋半環狀繫，並飾雙線
凹弦紋兩組，盤口外壁和頸部飾水波紋各一
組，腹部飾較緻密的凹弦紋數道。上腹部施青
黃釉，下腹部無釉。
◆定級要素：此壺造型莊重，且保存完好。因此
類器物在本地出土較多。

65 釉陶瓶　　　漢

高 2.7　口徑 6.8　底徑 12.8 釐米
1990 年浙江義烏車站路立交橋工地出土
現藏義烏市博物館

◆泥質灰陶。蒜口，束頸，斜肩，深腹，平底。頸部以下相間飾以雙線凹弦紋六組，水波紋五組。口部至上腹施青黃釉，釉面有剝落現象，腹中部以下至底無釉，露胎處呈淡紫色。
◆定級要素：此瓶造型規整奇特，較為少見。惟有脫釉。

66 紅陶盂　　　漢

高 14.9　口徑 10.7　底徑 5.6 釐米
1984 年浙江義烏啤酒廠工地出土
現藏浙江義烏博物館

◆泥質紅陶。口部呈盆形，束頸，豐肩，鼓腹，腹下部內收，平底，腹部最大徑處有弦紋二周。◆唾盂作為一種衛生用具，在西漢已出現，在成熟瓷器出現前，社會生活中可能大量使用的是紅陶質唾盂。
◆定級要素：此盂作為早期形態的唾盂，保存完整，有一定價值。

67 陶勺　　　漢

通長 11.5　口徑 7.4　執柄長 4.7 釐米
現藏義烏市博物館

◆敞口，平沿，半瓜形；一側接出一執柄，柄端中部凹進，或可再安木柄。器內壁施黃釉，薄而不勻，外壁及柄無釉。
◆定級要素：此勺造型新穎，較為少見且保存完好。

68 陶鐘　　　　漢

高 24.8　口徑 12.2　底徑 12 釐米
1986 年浙江義烏稠城東風磚瓦廠出土
現藏義烏市博物館

◆盤口，束長頸，溜肩，扁圓腹，喇叭形高足。肩部上下各刻劃凹弦紋三道，間飾水波紋組成裝飾帶，弦紋之上貼塑半環狀條形繫一對，繫上飾羽紋，線條流暢。◆鐘為漢代常見的日用陶器。

◆定級要素：此器造型莊重，惟工藝欠精。

三級品・漢・晉

69 釉陶權　　　　漢

高 4.3　底徑 2 釐米
1980 年浙江義烏徐村鄉九聯大隊隔塘村出土
現藏義烏市博物館

◆器呈葫蘆形，灰褐胎，上部有一小孔作繫繩之用，束腰，平底。通體施黃褐色釉，大部分已剝落。

◆定級要素：此件陶權造型特殊，比較稀少，對研究漢代度量衡有一定價值。釉層剝落嚴重。

70 灰陶銘文釜　　　　西晉

高 19.2　口徑 23.8　底徑 16 釐米
1985 年江西靖安西晉太康九年（288 年）墓出土
現藏江西省博物館

◆侈口，束頸，腹下鼓，平底微凸。器身飾細方格紋。頸部橫刻行草銘文"司□青天□青□□情"。此釜出土於西晉紀年墓，伴隨出土有"太康九年校尉葬□"銘文磚。

◆定級要素：此類灰陶方格紋平底釜少見，特別到西晉朝更罕見。由碎片復原。

71 灰陶擊鼓俑　　　北魏

高 18.5 釐米
1965 年河南洛陽元邵墓出土
現藏河南洛陽博物館

◆泥質灰陶。頭戴風帽，身穿左衽寬袖短衫，下穿寬肥長褲，腳着尖頭鞋。人物低頭俯視腰間的小圓鼓，雙手持棒作擊鼓狀。

◆定級要素：此俑體施白粉，風帽塗成紅色。此類俑北朝時期多見，用於隨葬。

72 褐黃釉陶龍柄瓶　　　東魏

通高 45　口徑 14.5　底徑 9.5 釐米
1973 年河北景縣高雅墓出土
現藏河北省博物館

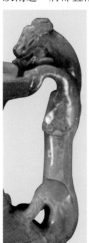

◆盤口，長頸，溜肩，長鼓腹，平底。頸飾凸弦紋兩道。肩部置兩對橋形耳，其下堆貼一周蓮瓣紋，下襯以堆塑的花瓣一圈。肩與腹之間塑一龍形把手。胎灰黑，體施黃褐釉。

◆定級要素：此瓶形制別致，造型優美，堆塑工藝精緻，墓葬出土，惜傷殘修復。

73 陶風帽女官俑　　　　東魏

高 26 釐米
河北茹茹公主墓出土
現藏河北省磁縣博物館

◆俑頭戴黑色籠冠，身穿交領寬袖紅衫，下身着
長裙，裙角微露足尖。右手自然下垂，左手微
抬作牽裙狀。◆茹茹自號柔然，為當時北方的少
數民族。茹茹公主為茹茹國王的孫女，死時年
僅十三歲，墓隨葬陶俑較多，達一千餘件。
◆定級要素：此俑體現了"送終之禮，事死如
生"的時尚風俗。

74 陶俑　　　　東魏

高 20.2 釐米
1974 年河北磁縣東陳村出土
現藏河北省磁縣博物館

◆頭梳雙丫髻，面
部圓潤，雙目平
視。上身穿寬袖
交領長衫，下身
穿紅色長裙。右
手平舉於胸前作
持物狀。姿態優
雅，神態安詳。
◆定級要素：此類女
俑出土較多。

三級品・南北朝

75 彩繪騎馬女俑　　　　北周

高 32.5　長 31.4 釐米
陝西咸陽出土
現藏陝西省考古研究所

◆俑頭綰雙髻，臉施白彩，唇紅眉黛，脖頸細長，袒前胸，上着交領綠襦襖，肩披紅帔。下束黑、紅、白三色豎條長裙，足蹬黑色鞋。面部表情安詳，端坐馬上。馬四足直立，鞍韉齊全。

◆定級要素：騎馬俑出土數量較多。

76 彩繪騎馬俑　　　　北周

高 32.5　長 31.2 釐米
陝西咸陽出土
現藏陝西省考古研究所

◆俑粉面黑髮，黛眉細長，鼻挺嘴小。髮雙分，於腦後綰小髻。束紅色陌額。上身穿翻領窄袖紅色長袍，下着黑裳，足蹬黑靴。雙手握拳，坐於馬背之上。馬頭內彎，四足直立，鞍韉齊全。

◆定級要素：騎馬俑出土數量較多。

77 陶風帽俑　　　　北齊

高 30.5 釐米
1986 年河北磁縣灣漳北朝墓出土
現藏河北省文物研究所

◆泥質灰陶，外敷白色陶衣。此俑頭戴風帽，帽頂圓鼓，周圍束帶，頂部有"十"字形帽縫，其下左右和後部下垂至頸，左右沿臉部外翻，用一帶連於腦後。此俑面部圓潤豐滿，雙目微眯，略帶笑意。身穿斗篷式風衣，於領口部挽一結，飄帶飛揚，兩空袖下垂，內罩白色長衫。雙手執物隱拱於胸前，原執物已失。下着長褲，足尖微露，風帽和風衣均施紅彩。◆風帽俑在灣漳北朝墓中共出土二百八十四件，分別施紅彩或黑彩，是各類俑中數量最多的一類，應為出行儀仗俑。

◆定級要素：騎馬俑出土
數量較多。

78 陶侍衛俑　　　　北齊

高 28.5 釐米
1986 年河北磁縣灣漳北朝墓出土
現藏河北省文物研究所

◆泥質灰陶。此俑頭戴小冠，臉型瘦長，雙目圓睜，鼻梁高挺，雙唇緊閉，頭部轉向右側。上穿圓領窄袖衫，衣領處向外翻捲，外罩短褐，短袖大翻領，腰束帶，下着縛褲。衫與褲均用細弧線刻劃出衣褲的褶皺。右臂下垂，右手略上抬，作握拳狀，中心有一圓形插孔；左臂肘部略上抬，左手籠於袖中，並留一插孔，原插物均已失。雙腿並攏，作立正姿。冠頂塗紅色，後部為黑彩，口部塗朱。短褐朱紅色，翻白領，束黑色革帶，縛褲束紅色帶，在兩腿處分別繫一結扣。身軀直立，表情嚴肅，聚精會神，頭部側向一方，似在軍列中等待接受命令。

◆定級要素：此俑工藝
精緻。

三　級　品　·　南　北　朝

79 陶侍衞俑　　　北齊

高 30.5 釐米
1986 年河北磁縣灣漳北朝墓出土
現藏河北省文物研究所

◆泥質灰陶。此俑束髮，於腦後挽一高髻，額繫護甲，似頭盔，中間起棱，於眉心上部向外翻捲，甲後部用帶繫於腦後。豐頤隆額，鼻梁挺直，目視前方。身穿圓領窄袖衫，外罩紅色翻領短褐，腰繫革帶，下着縛褲，繫紅色縛帶。右臂自然下垂，腕部微抬，作握拳狀。左臂向上彎曲。左右手均留有圓形插孔，原插物已失。

◆定級要素：此俑身軀魁梧，肩闊腰圓，威嚴肅立，眉宇間洋溢着一股颯爽英氣。

80 陶定籠冠立俑　　　北齊

高 31 釐米
1986 年河北磁縣灣漳北朝墓出土
現藏河北省文物研究所

◆泥質灰陶。俑採立姿。頭戴黑色籠冠，面龐圓潤豐滿，長眉細目，鼻梁高挺。身穿交領右衽廣袖衫，下着長裙，腰繫帶。右臂彎曲置於腰部，手作持物狀；左手籠於袖中，自然下垂。衣裙施紅色彩繪。◆魏晉時期婦女服裝在繼承漢代服飾的基礎上，吸取了少數民族服飾的某些特點，一般上穿衫、襦，下穿裙，款式多上儉下豐。衣身部分緊身合體，袖筒肥大，裙多為長褶裙，下襬寬鬆，從而達到瀟灑俊俏的美學效果。

◆定級要素：此籠冠立俑服飾為典型的魏晉風格，為研究這一時期服飾的發展提供了實物資料。

81 騎馬女俑　　北齊

通高 33 釐米
1986 年河北磁縣灣漳北朝墓出土
現藏河北省文物研究所

◆泥質灰陶。女俑頭戴
籠冠,面目清秀,身
穿交領廣袖右衽衫,
下繫長裙,坐於馬
上;右臂上舉置於胸
前,左臂微彎,手心有
圓形插孔。馬體矯健,挺頸
昂首,尾下垂,肅穆而立,溫
順而馴服。女俑施紅彩,馬體
施黑白彩。

◆定級要素:騎馬女俑比例勻稱,女
俑及馬的面部表情刻劃細膩,製作精
美,形象生動,較好地反映了北朝
時期陶塑工藝的製作水平,具有一
定的研究和觀賞價值。

三　級　品　·　南北朝

82 騎馬武士俑　　北齊

通高 33 釐米
1986 年河北磁縣灣漳北朝墓出土
現藏河北省文物研究所

◆泥質灰陶。俑頭戴兜鍪,面形消瘦,眉梢上
揚,目視前方,雙唇緊閉,神情嚴肅、剛毅;
全身着鎧甲,左披套衣,露右肩,左手作持韁
狀,右手握拳作持物狀,騎於戰馬之上。馬體
通身披鱗片狀馬鎧,鞍鐙具備,挺頸低首而
立。

◆定級要素:騎馬武士俑通過騎士的情緒刻劃和
坐騎的形體表現,逼真地反映了武士臨戰前鎮
定自若的精神狀態。

83 陶跽跪俑　　北齊

高 17 釐米
1986 年河北磁縣灣漳北朝墓出土
現藏河北省文物研究所

◆泥質灰陶。俑跽跪姿。頭
戴小冠，面龐清秀，嘴角
略上揚，微帶笑意。身穿
無領右衽廣袖衫，下著曳
地長裙，腰部繫一寬帶，
右手端於胸前，左手自然
下垂。衫與裙上均施有紅
彩。表情安詳、溫順，似在聽
主人的吩咐，應為侍從俑。
◆定級要素：此俑保存基本完整。

84 儀仗侍衛俑　　北齊

高 31.5 釐米
1986 年河北磁縣灣漳北朝墓出土
現藏河北省文物研究所

◆泥質灰陶，外敷白色陶衣。俑採立姿。頭戴小
冠，臉型長圓，高鼻大耳，目視前方，雙唇緊
閉，表情威嚴。上身穿交領左衽廣袖衫，腰繫
帶，下着縛褲，足尖微露。右手置於胸前，作
執物狀，拳心有一圓孔，原應有插物，現已
失。左臂微曲下垂。上衣齊膝施紅彩。身軀高
大魁梧，表情肅穆威嚴，雙腿並攏，作立正
狀。◆該墓共出土儀仗侍衛俑八十三件，這批由
侍衛俑組成的儀仗隊伍與墓道兩壁上大型壁畫
中的出行圖相互呼應，充分反映了墓主人的社
會地位。
◆定級要素：此俑對研究當時禮儀制度有重要的
參考價值。

85 陶貼花壺　　唐

通高 50.8　口徑 16.8　腹徑 38 釐米
1975 年河北易縣北韓村唐咸通五年（864年）孫少矩
墓出土
現藏河北省文物研究所

◆泥質灰陶，外敷一層白灰色化妝土。敞口，束
頸，圓肩，鼓腹，平底。頸、肩之間有明顯的
接痕，應為分別製坯。肩部貼有三個模製的獸
首銜環，各鋪首間貼飾三個圓形蓮花圖案，腹
部亦貼飾六個內填變形蓮花的菱形圖案。
◆定級要素：此壺形體較大，採用了當時流行的
貼花技法，整體造型渾厚優美，裝飾花紋立體
感強，出土於紀年的唐墓中，可作為唐代晚期
的標準器。

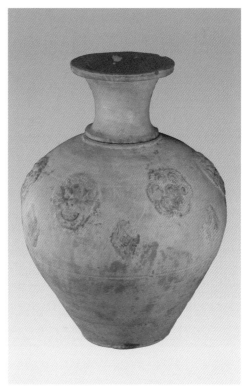

三級品・南北朝・唐

86 三彩豆　　唐

高 7.4　口徑 14　足徑 7.8 釐米
1956 年陝西西安東郊出土
現藏安徽省博物館

◆敞口，弧壁，高足。體
施三彩釉，釉色黃、
綠、藍、褐相間，色彩凝
重豔麗，釉質明亮光潤。
◆定級要素：此器造型古樸典
雅。因殘修補。

87 三彩鉢　　　　　　唐

高 13.5 口徑 11.9 釐米
1965 年河北任丘鄚州出土
現藏河北省文物研究所

◆斂口，圓鼓腹，圈底。白胎，施黃、褐、綠色釉，釉不及底。◆此鉢與河北磁縣唐開元四年（716年）墓中出土的一件定為三級品的三彩鉢相比，形制釉色基本相同，應為同一時期所燒造。三彩鉢出土於一座被破壞了的墓葬之中，伴出物不詳。◆這種用高嶺土作胎，器表施黃綠藍褐等多種色釉燒製而成的低溫釉陶器，稱之為唐三彩，它是利用礦物質中的金屬氧化物的呈色機理，使釉色產生不同的顏色。

◆定級要素：此鉢造型優美，色澤豔麗，保存完好。

88 三彩鉢　　　　　　唐

高 13.2 口徑 12.2 釐米
1960 年河北磁縣上潘汪唐開元四年（716年）墓出土
現藏河北省文物研究所

◆斂口，圓鼓腹，圈底。白胎，施三彩釉，呈黃、褐、綠色條狀斑紋，釉不及底，光澤度較強。◆此鉢出自一座經正式發掘的唐墓，同出的有倉、罐、俑、駱駝、雞、狗等陶製器皿和動物模型，另有銅鏡、金屬飾件。據磚銘所記，此墓的年代為唐開元四年（716年）。故此鉢的燒製時間明確，是典型的唐三彩器。

◆定級要素：此器造型渾圓優美，色澤絢麗多彩。較為常見。

89 三彩陶胡人抱角杯　　唐

高 17.5 釐米
1932 年四川邛崍窰址出土
現藏四川大學博物館

◆頭戴尖帽,帽尖向前捲曲。深目高鼻為胡人形
象。身穿長袍,腰束起,右腿膝蓋跪地,左腿
蹲姿。懷抱大犀角形杯,頭部內空有半圓口。
器身施化妝土,上用黃、綠、褐色裝飾,杯上
繪圓點紋和花葉紋。

◆定級要素:此杯形制較小,彩釉有剝。

90 三彩陶雙聯盤　　唐

高 5.8　長 36 釐米
1976 年陝西省富平李鳳墓出土
現藏陝西省博物館

◆盤呈長條形,中間束腰,兩端為圓弧形。盤口
微斂,淺腹,平底,下設四個馬蹄足。盤身以

淺黃色釉為地,上以綠、赭兩色繪同心圓狀花
紋。

◆定級要素:此器造型獨特,紋飾別致,傷殘修
復,釉彩剝蝕。

91 陶樂俑　　唐

高 18.4 釐米
1970 年河北元氏唐垂拱四年（688 年）呂眾墓出土
現藏河北省文物研究所

◆泥質紅陶。俑採跪姿。頭梳高髮髻，方圓臉，長眉秀目，口塗朱，嘴旁有酒窩。身穿左衽窄袖衫，腰繫帶，下着裙，跪坐在方形台座上。雙手持排簫置於腹前。

◆定級要素：此俑面目清晰，刻劃細膩，出土於有紀年的唐墓，對研究我國古代樂器史有一定的參考價值。

92 陶鯢魚　　唐

高 9.5 長 22.9 釐米
1970 年河北元氏唐垂拱四年（688 年）呂眾墓出土
現藏河北省文物研究所

◆泥質紅陶。人面魚身，面長圓，高鼻鼓睛，口塗朱。髮絲細密形成魚腮，魚身橫臥於台座上，體彎曲呈游動狀，尾向後擺。有背鰭和腹鰭，背鰭略殘，通身刻飾細密的鱗紋。腮、鰭、尾均塗有黑彩。◆此件陶鯢魚出土於有紀年的唐墓中，與之同出土的還有人面鳥身、人面龍身的觀風鳥和墓龍。

◆定級要素：此類陶俑在河北地區發現的唐墓中時有出土，是研究唐代喪葬習俗的實物資料。

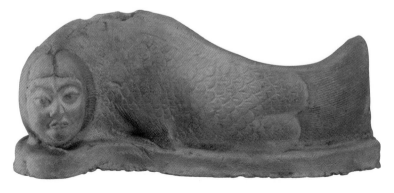

93 陶持劍俑　　　　　　唐

高 27.3 釐米
1970 年河北元氏唐垂拱四年（688 年）呂眾墓出土
現藏河北省文物研究所

◆泥質紅陶。俑採立姿。頭戴襆頭，深目高鼻。身穿翻領窄袖長衣，腰繫帶，右臂曲置於上腹部，手握一長劍，左臂彎曲，手握於胸前。下着褲，腳穿靴，踏於方形台座上。襆頭及長衫上留有少許紅彩。◆此俑出土於有紀年的唐墓，該墓中出土了一組彩繪陶俑，有武士、文官、樂舞、侍從、勞作等俑類。

◆定級要素：此批陶俑人體比例勻稱，均施彩繪，對研究唐代的陶塑工藝、社會生活都有一定的參考價值。

94 陶舞俑　　　　　　唐

高 23.7 釐米
1970 年河北元氏唐垂拱四年（688 年）呂眾墓出土
現藏河北省文物研究所

◆泥質紅陶，施紅黑兩彩。俑採立姿。頭梳雙髻，髻下盤繞環形髮辮。身穿小袖衫，露胸，着曳地長褶裙，裙帶繫於乳下部。肩披長帛，左端壓於胸前帶下，右端由頸後向前繞過右肩，經右腋下飄於體側。左臂後曲，長袖飄於身後。右臂前曲，長袖飄於胸前，作舞蹈狀。造型優美，衣紋流暢，髮絲清晰並塗黑。披帛施紅彩，衣袖殘存有綠色彩痕。

◆定級要素：此俑出土於有紀年的唐墓，保存完整，是研究唐代婦女髮式、服飾的實物資料。

95 陶持箕女俑　　　　唐

高 16.8 釐米
1970 年河北元氏唐垂拱四年（688 年）呂眾墓出土
現藏河北省文物研究所

◆泥質紅陶。俑採坐姿。頭梳雙髻，髻下盤繞環形髮辮。彎眉秀目，面帶微笑，身穿對衽窄袖衫，腰束寬帶，下着裙。左腿盤坐，右腿上曲，雙手執箕，身體略向前傾，作簸物狀。衣裙施紅彩。

◆定級要素：此執箕女俑形象生動寫實，出土於有紀年的唐墓，具有一定的研究和藝術欣賞價值。

96 彩繪陶武士俑　　　　唐

高 59.7 釐米
1970 年河北元氏唐垂拱四年（688 年）呂眾墓出土
現藏河北省文物研究所

◆泥質灰陶。俑採立姿。頭戴圓頂兜鍪，護耳下垂至頸部，面龐方圓，雙目圓睜，雙唇緊閉，捲曲絡腮鬍。肩披燕尾狀披膊，身穿鎧甲，圓形護胸，內套窄袖衣。左手叉於腰際，右臂曲置胸前，手扶握一仗飾。胸、腰部各繫一帶，右腿略彎曲，足蹬圓頭靴，踏於方形台座之上。鎧衣上施紅彩，衣襬部墨繪方格紋。◆出土於有紀年的唐墓中，與之同出土的還有武士俑、侍俑、樂舞俑、勞作俑、駱駝、馬及井、磨、車、碓等陶製模型，這批隨葬品的出土為研究唐代中小型墓葬的喪葬習俗提供了很好的實物資料。

◆定級要素：出土於有紀年的唐墓中的其中一件武士俑，形體高大、比例勻稱，表情威猛，定為二級品。此武士俑從高度、造型、表情等方面與之相比略顯遜色。

97 三彩男立俑　唐

高 38　寬 13.5 釐米
1956 年陝西西安出土
現藏安徽省博物館

◆俑採立姿。頭髮梳挽成
髻，面龐豐滿，身穿綠
色圓領長袍，束腰
帶，着褐色褲，右手
握拳置於胸前，左
手下垂握拳。
◆定級要素：此俑為
典型的三彩俑。因
殘破經修復。

98 彩陶鸂鶒卮　唐

高 6.7 釐米
1955 年陝西西安墓葬出土
現藏陝西省博物館

◆鸂鶒雙目睜圓，嘴小而尖，似鴛鴦。橢圓形
腹，平底，鸂鶒的腹部即為卮的腹部，卮兩側
有翅膀。
◆定級要素：此器小巧精緻，體施以黃赭色釉，
彩釉剝蝕。

三級品·唐·金

99 三彩折枝牡丹紋雙耳罐　金

高 17　腹徑 21.5 釐米
河北省灤南土產公司收購
現藏河北省文物研究所

◆胎呈灰白色，質地較粗糙。直口，短頸，圓
鼓腹，腹下內收，圈足。口沿至肩部置兩個
葉狀耳，頸、肩、下腹部飾弦紋，肩部飾三
角紋，腹部繪折枝牡丹花，花朵盛開，枝葉蔓
捲自如。
◆定級要素：此罐施三彩釉。牡丹為黃色，枝葉
為綠色、褐色。品相稍差。

附錄一

文物藏品定級標準

文化部 1987 年 2 月 3 日

　　根據《中華人民共和國文物保護法》第二十二條的有關規定，特制定本標準。一級文物為具有特別重要價值的代表性文物；二級文物為具有重要價值的文物；三級文物為具有一定價值的文物。博物館、文物單位、有關文物收藏部門，均可用本標準鑑讚和定級。社會上其他散存的文物，需要定級時，可照此執行。

　　凡屬一、二級藏品的文物均為珍貴文物，三級藏品中需定為珍貴文物的，應經國家文物鑑定委員會確認。

文物藏品定級標準如下：

一級文物

1. 反映中國各個歷史時期的生產關係及其經濟制度、政治制度，以及有關社會歷史發展的代表性文物。
2. 反映生產力的發展、生產技術的進步和科學發明創造的代表性文物。
3. 反映各民族社會歷史發展和促進民族團結、維護祖國統一的代表性文物。
4. 反映歷代勞動人民反抗經濟剝削、政治壓迫，以及有關著名起義領袖的代表性文物。
5. 反映中外友好往來和在政治、經濟、軍事、教育、科技、文化、體育等方面相互交流的代表性文物。
6. 反映中華民族抵禦外侮、反抗侵略的歷史事件和重要歷史人物的代表性文物。
7. 反映歷代著名的思想家、科學家、發明家、政治家、軍事家、教育家、文學家、藝術家及歷代著名工匠的代表性文物。
8. 反映各民族生活習慣、文化藝術、宗教信仰的具有特別重要歷史、藝術和科學價值的代表性文物。
9. 中國古舊圖書中具有代表性的善本。
10. 反映有關國際共產主義運動中的重大事件和傑出領袖人物的革命實踐活動，以及為中國革命作出重大貢獻的國際主義戰士的代表性文物。
11. 反映中國共產黨成立以來及其有關重大歷史事件、領袖人物、著名烈士的代表性文物。
12. 反映有關中國各黨派、團體的重大事件、重要人物和愛國僑胞及其他社會知名人士的代表性文物。
13. 其他具有特別重要歷史、藝術、科學價值的國內外代表性文物。

二級文物

1. 具有重要歷史、科學價值或較高藝術價值，但在全國或本地區存量較多的文物。
2. 具有一定歷史、科學價值或一般藝術價值，但在全國或本地區存量較少的文物。
3. 反映一個地區、一個民族，或某一個時代的具有重要歷史價值或較高藝術價值，但有某種缺陷的文物。
4. 反映某一歷史人物、歷史事件，或對研究某一歷史問題有重要價值的文物。
5. 反映某種文化類型和文化特徵的、能說明某一歷史問題的成組文物。
6. 時代較晚，其歷史、藝術、科學價值一般，但經濟價值較高的文物。
7. 反映各地區、各民族的重要民俗文物。
8. 反映歷代著名藝術家或著名工匠的重要作品，一般藝術家的精品。
9. 中國古舊圖書中具有重要價值的善本。
10. 其他具有重要歷史、藝術、科學價值的國內外文物。

三級文物

1. 具有一定歷史、藝術、科學價值，在全國或本地區存量較多的文物。
2. 反映一個地區、一個民族、或某一時代的具有一定歷史、藝術、科學價值，但有某種缺陷的文物。
3. 反映某一歷史事件或人物，對研究某一歷史問題有一定價值的文物。
4. 反映某種文化類型和文化特徵的某一區域性的非主要文物。
5. 具有一定歷史、藝術、科學價值的民俗文物。
6. 反映某一歷史時期藝術水平和工藝水平的作品、或藝術、工藝水平較高，但損傷較重的作品。
7. 中國古舊圖書中具有一定價值的善本。
8. 其他具有一定歷史、藝術、科學價值的國內外文物。

附錄二

文物藏品定級標準

文化部令第 19 號
2001 年 4 月 5 日文化部部務會議通過

　　根據《中華人民共和國文物保護法》和《中華人民共和國文物保護法實施細則》的有關規定，特制定本標準。

　　文物藏品分為珍貴文物和一般文物。珍貴文物分為一、二、三級。具有特別重要歷史、藝術、科學價值的代表性文物為一級文物；具有重要歷史、藝術、科學價值的為二級文物；具有比較重要歷史、藝術、科學價值的為三級文物。具有一定歷史、藝術、科學價值的為一般文物。

一、一級文物定級標準

1. 反映中國各個歷史時期的生產關係及其經濟制度、政治制度，以及有關社會歷史發展的特別重要的代表性文物；
2. 反映歷代生產力的發展、生產技術的進步和科學發明創造的特別重要的代表性文物；
3. 反映各民族社會歷史發展和促進民族團結、維護祖國統一的特別重要的代表性文物；
4. 反映歷代勞動人民反抗剝削、壓迫和著名起義領袖的特別重要的代表性文物；
5. 反映歷代中外關係和在政治、經濟、軍事、科技、教育、文化、藝術、宗教、衛生、體育等方面相互交流的特別重要的代表性文物；
6. 反映中華民族抗禦外侮，反抗侵略的歷史事件和重要歷史人物的特別重要的代表性文物；
7. 反映歷代著名的思想家、政治家、軍事家、科學家、發明家、教育家、文學家、藝術家等特別重要的代表性文物，著名工匠的特別重要的代表性作品；
8. 反映各民族生活習俗、文化藝術、工藝美術、宗教信仰的具有特別重要價值的代表性文物；
9. 中國古舊圖書中具有特別重要價值的代表性的善本；
10. 反映有關國際共產主義運動中的重大事件和傑出領袖人物的革命實踐活動，以及為中國革命做出重大貢獻的國際主義戰士的特別重要的代表性文物；
11. 與中國近代 (1840－1949) 歷史上的重大事件、重要人物、著名烈士、著名英雄模範有關的特別重要的代表性文物；
12. 與中華人民共和國成立以來的重大歷史事件、重大建設成就、重要領袖人物、著名烈士、著名英雄模範有關的特別重要的代表性文物；
13. 與中國共產黨和近代其他各黨派、團體的重大事件，重要人物、愛國僑胞及其他社會知名人士有關的特別重要的代表性文物；
14. 其他具有特別重要歷史、藝術、科學價值的代表性文物。

二、二級文物定級標準

1. 反映中國各個歷史時期的生產力和生產關係及其經濟制度、政治制度，以及有關社會歷史發展的具有重要價值的文物；
2. 反映一個地區、一個民族或某一個時代的具有重要價值的文物；
3. 反映某一歷史人物、歷史事件或對研究某一歷史問題有重要價值的文物；
4. 反映某種考古學文化類型和文化特徵，能說明某一歷史問題的成組文物；
5. 歷史、藝術、科學價值一般，但材質貴重的文物；
6. 反映各地區、各民族的重要民俗文物；
7. 歷代著名藝術家或著名工匠的重要作品；
8. 古舊圖書中具有重要價值的善本；
9. 反映中國近代 (1840－1949) 歷史上的重大事件、重要人物、著名烈士、著名英雄模範的具有重要價值的文物；
10. 反映中華人民共和國成立以來的重大歷史事件、重大建設成就、重要領袖人物、著名烈士、著名英雄模範的具有重要價值的文物；
11. 反映中國共產黨和近代其他各黨派、團體的重大事件，重要人物、愛國僑胞及其他社會知名人士的具有重要價值的文物；
12. 其他具有重要歷史、藝術、科學價值的文物。

三、三級文物定級標準

1. 反映中國各個歷史時期的生產力和生產關係及其經濟制度、政治制度，以及有關社會歷史發展的比較重要的文物；
2. 反映一個地區、一個民族或某一時代的具有比較重要價值的文物；
3. 反映某一歷史事件或人物，對研究某一歷史問題有比較重要價值的文物；
4. 反映某種考古學文化類型和文化特徵的具有比較重要價值的文物；
5. 具有比較重要價值的民族、民俗文物；
6. 某一歷史時期藝術水平和工藝水平較高，但有損傷的作品；
7. 古舊圖書中具有比較重要價值的善本；
8. 反映中國近代 (1840－1949) 歷史上的重大事件、重要人物、著名烈士、著名英雄模範的具有比較重要價值的文物；
9. 反映中華人民共和國成立以來的重大歷史事件、重大建設成就、重要領袖人物、著名烈士、著名英雄模範的具有比較重要價值的文物；
10. 反映中國共產黨和近代其他各黨派、團體的重大事件，重要人物、愛國僑胞及其他社會知名人士的具有比較重要價值的文物；
11. 其他具有比較重要的歷史、藝術、科學價值的文物。

四、一般文物定級標準

1. 反映中國各個歷史時期的生產力和生產關係及其經濟制度、政治制度，以及有關社會歷史發展的具有一定價值的文物；
2. 具有一定價值的民族、民俗文物；
3. 反映某一歷史事件、歷史人物，具有一定價值的文物；
4. 具有一定價值的古舊圖書、資料等；
5. 具有一定價值的歷代生產、生活用具等；
6. 具有一定價值的歷代藝術、工藝品等；
7. 其他具有一定歷史、藝術、科學價值的文物。

五、博物館、文物單位等有關文物收藏機構，均可用本標準對其文物藏品鑑選和定級。社會上其他散存的文物，需要定級時，可照此執行。

六、本標準由國家文物局負責解釋。